時短(じたん)×カンタン×おうちごはん

時短×カンタン×おうちごはん
CONTENTS

04
はじめに

05
しっかり保存で大切な食材をムダなく活用しよう！

テーマ01
06
人気レシピランキング

08 月曜
＊ちくわdeエビフライもどき
＊厚揚げとブロッコリーのごまマヨ和え
＊カニタマスープ

10 火曜
＊豆腐ソースのグラタン
＊ピーマンとカニカマのポン酢和え
＊わかめと玉ねぎのスープ

12 水曜
＊なんちゃって酢豚
＊もやしのナムル
＊たまごスープ

14 木曜
＊チキン南蛮
＊小松菜と厚揚げのしょうが炒め
＊車麩とねぎの味噌汁

16 金曜
＊ふわふわかに玉
＊ピーマンとエリンギのソテー
＊野菜スープ

18 土曜
＊フライパンdeピザ
＊スパゲティサラダ

19 日曜
＊本格タイ料理 フライパンでカオマンガイ
＊春雨スープ

20
Column 01
日用品節約術

テーマ02
22
おうちだからできる！時短レシピ

24 月曜
＊かば焼き缶詰で春巻き
＊ブロッコリーとちくわのサラダ
＊豆腐のスープ

26 火曜
＊レンジde鶏肉の照り焼き
＊コーンとレタスのサラダ
＊コーン缶のスープ

28 水曜
＊高野豆腐のから揚げ
＊ブロッコリーときのこの焼きサラダ
＊湯を注ぐだけ！即席スープ

30 木曜
＊フライパンdeキムチー焼き
＊たたききゅうりのもみ漬け
＊えのきとちくわの炒めもの

32 金曜
＊厚揚げの甘辛炒め
＊もやしの和え物
＊ピーマンとしめじのソテー

34 土曜
＊ツナと野菜の和風ドライカレー
＊ミニトマトとレタスのサラダ

35 日曜
＊失敗しない！超簡単オムライス
＊オニオンスープ

36
Column 02
キッチンの光熱費節約術

テーマ03
38
備えあれば"苦労"なし 作り置きでラクチンおかずレシピ

40 月曜
＊和風ポークステーキ
＊野菜のトマト煮
＊人参と大根のスープ

42 火曜
＊チキンナゲット
＊ウインナーと野菜のソテー
＊ごぼうの味噌汁

44 水曜
＊大根でかさまし肉巻き
＊きんぴらごぼう
＊なすの味噌汁

46 木曜	**48** 金曜	**50** 土曜	**51** 日曜	**Column 03** **52**	**テーマ 04** **54**
*チキンステーキ *人参と大根のサラダ *野菜のスープ煮	*鶏肉とじゃがいもの韓国風炒め *キャベツとちくわのこぶ茶和え *キャベツの芯も使い切り！味噌汁	*さんまの照り焼きのっけ丼 *キャベツと紅ショウガの和え物 *味噌汁	*フライパンひとつで！野菜たっぷりミネストローネ *大根ときゅうりのジンジャーサラダ	食費節約術	給料日前に実践！家計いたわりレシピ

56 月曜	**58** 火曜	**60** 水曜	**62** 木曜	**64** 金曜	**66** 土曜
*豆腐のトマトソース焼き *じゃがいもときゅうりのサラダ *じゃがいもとちくわの味噌汁	*もやしたっぷり！チヂミ風 *きゅうりと油揚げの和え物 *小松菜とたまごのスープ	*野菜でかさまし！いわしのチーズ焼き *小松菜とちくわの炒め煮 *油揚げの味噌汁	*もやしやきそば *にらたまあんかけ *わかめスープ	*はんぺんとしめじのピリ辛炒め *もやしと小松菜の和え物 *にらとちくわのスープ	*レンジdeキーマカレー *トマトの塩昆布サラダ

67 日曜	**68**	**70**	**71**	
*即席ピラフ *もやしのガーリック炒め	おやつ代節約術	あまった主菜でリメイクおかず	サッとカンタン！おもてなしおかず	

本書の使い方

①レシピ名
"まゆみ式"オリジナルレシピが続々登場。一目でどんな料理かがイメージできる、ユニークなネーミングもお楽しみあれ！ もちろん、どれもおすすめメニューですよ!!

②調理時間
完成までの目安を分かりやすく表示。その日の気分やお好みに合わせて、レシピ選びができるメリットも。作り慣れていけば、さらなる"時短"が実現するかも。

③材料
使用する食材です。計量単位は、1カップ＝200cc、大さじ1＝15cc、小さじ1＝5ccを目安としています。

④つくりかた
調理手順です。電子レンジは600Wを使用しています。500W使用のご家庭の場合は、加熱時間を1.2倍にしてください。いずれも様子を見ながら調理をしてください。

⑤ポイント
調理のプロセスで押さえておきたい部分を写真入りで解説。しっかりとチェックすることで、新たな発見があるかもしれません。

Introduction －はじめに－

節約生活のはじまりは、毎日のごはん作りから
地元である徳島から日本全国、そして世界へと発信する喜びと感動のレシピ

節約アドバイザーとしての活動を始めて、10年を迎えました。私は生まれも育ちも徳島県。この活動を始めてからも、徳島で生活をしながら必要に応じて他県へと足を運んでいました。そんな私が初めて、徳島で活動をともにしているスタッフとともに、一冊の本をまとめさせていただくこととなりました。

きっかけは2009年、地元・徳島の子育てママさんに絶大な支持を誇る情報誌「ワイヤーママ徳島版」での連載をスタートさせたことでした。
最初のコーナーは"まゆみの 進め！節約道"。
当時は"節約川柳"を毎回披露するなど、"節約"を大きなテーマにとことん語っておりました。

月日が流れ…、

あるとき、「育児や家事などに忙しいママのために、手軽に実践できて、すぐに効果が表れる"節約"といえば、やっぱり毎日のごはん作りでしょ!?」と直感が働いたのです。
すぐに、編集を担当していただいているワイヤーママ徳島版の編集長さんにコーナーのリニューアルを申し出て、2011年夏に「まゆみちゃん家のTHE節約献立」がスタートしました。
そして、現在に至っています。

こう書くと、スルスルとコーナーが生まれたように感じるかもしれませんが、実は…私、こう見えて、自分から積極的に意見を言うなんてことは、大の苦手なのです（え!? そうは見えないって？）。

本音を書くと、自ら企画を出すなんて心臓バクバクです。
こうしたい、こんなことやりたい、あんなことやりたい…と、自ら意見するだなんてとてもとても…。
そんな自分の弱さを克服して（？）、思い切ってやってみたかった企画を伝えた末の連載だけに、並々ならぬ思い入れがあります。

おかげさまで、「まゆみちゃん家のTHE節約献立」は、2015年夏に連載50回目を迎えることとなりました。

「連載いつも楽しみにしています」「すごく参考になったよ！」と声をかけてくださったこと、ブログにメッセージをくださったこと、すべてが私にとって元気の源になっています。
多くの方々に支えられて、連載50回に達したのだと感謝しております。

そこで、これまでに紹介してきたレシピや日々の暮らしに役立つアイデア、さらには今まで温めてきた盛りだくさんのメニューやちょっとしたワザを、ドドーンと丸ごとこの本に詰め込んでみました！

本書では、多忙なママでも迷いなくトライできる時短・簡単レシピが続々と登場！
特別な食材や調味料、調理ワザも必要ありません。
ムズカシイこと、一切なし！
肩の力を抜いて、ゆる〜く作ることが、おうちごはん作りを楽しむ秘訣です。

4つのテーマに沿って、1週間のメニューをピックアップしていきます。全4週間分の献立や食材リスト、いざというときに活用できるおもてなし料理やリメイクレシピも紹介しているので、毎日の食事づくりに役立ててみてください。

ほら、今日も家族の喜ぶ声が聞こえてきますよ♪

2015年9月　武田真由美

■口コミとホームページの投稿をもとにつくる
徳島のママが主役の情報誌 ワイヤーママ

2001年に徳島県で創刊された子育て情報誌。ホームページに寄せられる地元主婦からのカキコミを情報源とする育児支援メディア。
「誌面を通じた子育て支援」をテーマに、ショップや病院の情報、公園の設置・整備の状況や地域イベントの開催日程など、地元に特化した"街ネタ"をピックアップ。特に「こどもと足を運ぶことができる」点や、「家族で利用が可能である」点にポイントを置いた情報発信に取り組んでいる。
現在では、北は秋田、南は熊本まで、全国の主婦からのカキコミを元に、地元スタッフによって運営が行われている。
ちなみに、ワイヤー（WIRE）とは英語で「点と点を線で結ぶ」という意味を持ち、各所に散らばっている子育てに有益な情報を誌面上で1つに集約し、多くの読者ママさんに届けようとの思いが込められている。

■時短×簡単×おうちごはんを生んだ2つの人気連載コラム
まゆみの　進め！節約道

ワイヤーママ徳島版2009年11月号（2009年10月14日発行）から連載開始（全21回）。雑誌「すてきな奥さん」（主婦と生活社）での掲載を機に、「食費1か月1万円生活」（主婦と生活社・2005年6月）、「超（スーパー）食費1か月1万円生活」（主婦と生活社・2008年3月）、「食費ひと月1万円貯まる節約生活」（三笠書房・2009年3月）などを執筆、全国の主婦から絶大な支持を集めていた徳島在住の節約アドバイザー・武田真由美さんによる、節約アドバイスコラム。"ケチる"のではなく、"オシャレに"日々のお金の使い方を考えることを目的に連載がスタートした。
身近なアイテムを使った"節約グッズ"や、武田さんが惚れ込んだ"便利グッズ"の紹介も読者ママの注目を集める。
そして、コーナーの目玉は"まゆみ流節約川柳"。その一文に節約生活の"コツ"がすべて集約されていたと好評を博した。

まゆみちゃん家の　THE節約献立

ワイヤーママ徳島版2011年8月号（2011年7月14日発行）から連載開始。食費を減らすことはもとより、「スピードクッキング」といった時間を有効活用しながらの夕食準備など、さまざまなアプローチでの"節約"を目指す1週間の献立紹介。
1つのテーマに基づいて1週間の献立を設定。準備する材料や作り方について、細やかな説明がなされており、読者ママにとっては「家族で楽しい食卓を囲むためのバイブルになっている」との声もあるほど。
連載当初は1週間の献立紹介をメインとする1ページのコーナーだったが、大人気につき連載7回目の同誌2012年2月号（2012年1月14日発行）から2ページに拡大。1週間の献立に加え、材料や作り方の紹介、前コーナー「まゆみの　進め！節約道」からの流れを汲んだ日々の節約テクニック・グッズ紹介も盛り込む。
現在も連載中。
同誌2015年9月号（2015年8月14日発行）にて50回目を迎えた。

まゆみ式 おうちごはん生活を始める前に…

しっかり保存で
大切な食材をムダなく活用しよう！

食材の調達は、毎日買い物をするより"まとめ買い"をしていきましょう。1週間程度の食材をまとめて買っておけば、買い物に費やしていた時間をカットすることができます。次に、「買い物から帰ったら、すぐ保存！」を合言葉にしましょう。はじめは戸惑うこともあるかもしれませんが、慣れれば1日3食の料理がチョチョイのチョイ！時間に余裕が生まれ、効率よく食事の準備ができるのです！食材と時間、ともにムダを省く保存方法を紹介します。

● 買い物から帰ったらすぐ小分け

買い物から帰ったら、肉や魚は"とりあえず冷蔵へ"ではなく、"すぐ小分け"がポイント。ラップやビニール袋で、使いやすい分量ごとに分けておきましょう。時間があるときは、用途に合わせて使いやすく切ったり、下味をつけて保存すると、より効率がアップ！

鶏もも肉　鶏むね肉　豚こま切れ肉

合いびき肉　鮭

小分けにしてラップで包んだ状態です。

● すぐ使えるようにひと手間保存

しめじ・えのきなど、きのこ類はできるだけ早く使い切りたいものですが、使い切れないときは早めに冷凍保存をしましょう。しめじ・えのきは石づきをとってほぐし、エリンギは縦に裂いておきましょう。
調理する際は、凍ったままでもOKです。お味噌汁の具や炒め物にピッタリ。
ピーマンも細く切っておけば、超特急でおかずを作りたいときに便利です。凍ったままで炒め物に使うことができます。

 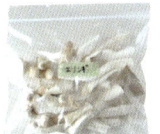 
エリンギ 　えのき　しめじ

ピーマン

袋に入れて、ラベルを貼った状態です。

● 冷凍はこんなものまで！

はんぺんやちくわといった練り物も、いったん封を開けると早く使い切りたい食材です。もしすぐに使い切れない時は、迷わず冷凍保存へ。はんぺんもちくわも、自然解凍後に調理をします。
焼きそば麺は、そのままの状態で冷凍ができます。使う際は、自然解凍後に調理します。

そのまま冷凍　ラップで包みラベルを貼る
はんぺん

保存袋に入れラベルを貼る
焼きそば　ちくわ

テーマ 01

ワイヤーママ徳島版「まゆみちゃん家のTHE節約献立」で話題となったメニューがズラリ

人気レシピランキング

ワイヤーママ徳島版での連載「まゆみちゃん家のTHE節約献立」で紹介した過去4年分のレシピから、同誌読者ママからの人気が高く、長年活動をともにしている編集スタッフにも好評な献立をピックアップ！「美味しい！」「早速作ってみました！」「家族の評判がよかった！」といった、反響の大きかったものを集めてみました。

ちなみに、ダントツの1番人気は今回月曜の主菜として紹介する「ちくわdeエビフライ」。これぞ、まゆみ流"なんちゃってレシピ"の代表格です。

まゆみ流 "イケダン" づくりのススメ　その1

"イケダン"とは…「イケてるダンナ」の略。家事や育児に積極的にかかわる"イクメン"であることは当たり前。さらに進化し、オシャレかつ何でも器用にこなしてしまう、そして妻を輝かせるダンナ…それが"イケダン"なのだ！

洗濯、掃除、料理…何か手伝ってもらうことや、ふとした時に「これくらいはやってよ…」なんて思ったりすることはありませんか？　私は、いつもそんな思いに駆られていました。でも、ある時ふと思ったのです。

「私がそう思っているうちは上手くいかないのかも…」

私自身、「家事をすることが当たり前だ！」なんてダンナから思われているとしたら、何だかイヤだなぁって。

だから、ダンナが何か手伝ってくれた時は、思いっきり褒めてみることにしました。みなさんもぜひ実践してみてください。ダンナさん、きっとまんざらではないはずですよ！

ただし、褒めすぎは逆効果。私は調子に乗って褒めすぎた結果、「おだてても無駄やぞ～」と言い返されてしまったことは数知れず…（笑）。

Menu

月	火	水	木

金	土	日	

 お買い物リスト

- ☐ ちくわ ………………… 5本
- ☐ 魚肉ソーセージ … 1本（75g）
- ☐ 厚揚げ ………………… 小2枚
- ☐ ブロッコリー ………… 1株
- ☐ ミニトマト …………… 19個
- ☐ ピーマン ……………… 4個
- ☐ かに風味かまぼこ … 小9本
- ☐ 卵 ……………………… 6個
- ☐ 万能ねぎ ……………… 3本
- ☐ 絹ごし豆腐 …………… 1丁
- ☐ マカロニ ……………… 30g
- ☐ 玉ねぎ ………………… 2個
- ☐ ツナ缶 ………………… 2缶
- ☐ ピザ用チーズ ………… 40g
- ☐ 乾燥わかめ …………… 2g
- ☐ 車麩 …………………… 4枚
- ☐ 人参 …………………… 1本
- ☐ もやし ………………… 1袋
- ☐ 小松菜 ………………… 1束

- ☐ 鶏むね肉 ……………… 2枚
- ☐ エリンギ ……………… 2本
- ☐ スパゲティ（早ゆで）… 100g
- ☐ きゅうり ……………… 1本
- ☐ リーフレタス ………… 4枚
- ☐ 春雨 …………………… 10g
- ☐ スイートチリソース
- ☐ ホットケーキミックス … 150g
- ☐ 乾燥パセリ
- ☐ 和風だしの素
- ☐ いりごま（黒）
- ☐ おろしにんにく（チューブタイプ）
- ☐ おろししょうが（チューブタイプ）
- ☐ タルタルソース
- ☐ 粉チーズ
- ☐ ポン酢しょうゆ
- ☐ めんつゆ（3倍濃縮）
- ☐ すりごま（白）

● 家にストックがないときに買い足しておきたい具材
- ☐ みそ
- ☐ オリーブオイル
- ☐ 砂糖
- ☐ 酒
- ☐ 酢
- ☐ しょうゆ
- ☐ ケチャップ
- ☐ 片栗粉
- ☐ 小麦粉
- ☐ パン粉
- ☐ 油
- ☐ マヨネーズ
- ☐ 鶏がらスープの素
- ☐ ごま油
- ☐ 塩
- ☐ こしょう
- ☐ 顆粒コンソメ
- ☐ みりん

月 Monday

 食感・味・見た目の3拍子！
ちくわdeエビフライもどき

（「まゆみちゃん家のTHE節約献立」Vol.11 金曜レシピ・ワイヤーママ2012年6月号掲載）

🕐 …15分

（2人分）
ちくわ　5本
魚肉ソーセージ（1本75g）1/2本

小麦粉　大さじ6
水　大さじ4

パン粉　適量
油　フライパンの底から1cm程度

タルタルソース　適量

【つくりかた】
1. ちくわを横半分に切る。魚肉ソーセージは10等分にし、一方にV字の切り込みを入れる。
2. ちくわの穴に、魚肉ソーセージ（切り込みを入れていない方）を入れ、V字を見せる。V字の切り込みで余った魚肉ソーセージは、ちくわの穴につめこむ。
3. ボウルに小麦粉・水を混ぜる。2を水溶き小麦粉にくぐらせて、パン粉をつける。
4. 油を熱して、コロコロ転がしながら、揚げ焼きする。

 食欲そそるめんつゆがアクセント
厚揚げとブロッコリーのごまマヨ和え

【つくりかた】
1. 厚揚げは一口大に切る。ブロッコリーは小房に分ける。
2. 鍋に湯を沸かし、ブロッコリー→厚揚げの順に時間差で加えて茹でる。ざるに出し、水気をきる。
3. ボウルにAを合わせ、2を加えて混ぜる。

🕐 …10分

（2人分）
厚揚げ　小1枚
ブロッコリー　1/3株

A
｜マヨネーズ　大さじ1
｜めんつゆ（3倍濃縮）大さじ1
｜すりごま（白）大さじ1

 鶏がらベースの優しい味わい
カニタマスープ

【つくりかた】
1. 鍋に水・鶏がらスープの素を入れて沸かす。
2. 手でほぐしたかに風味かまぼこと溶き卵を回し入れてふんわりと火を通し、ごま油をたらし、刻んだねぎを加える。

🕐 …5分

（2人分）
かに風味かまぼこ　小3本
卵　1個
万能ねぎ　1本

水　300cc
鶏がらスープの素　大さじ1

ごま油　少々

😊 **ポイント！**

V字に切った魚肉ソーセージは、ちくわの穴の中に入れて、V字を見せればエビのしっぽに早変わり（ちくわdeエビフライもどき・つくりかた1と2）。

火 Tuesday

豆腐と野菜の相性抜群！
主菜 豆腐ソースのグラタン

（「まゆみちゃん家のTHE節約献立」Vol.24 木曜レシピ・ワイヤーママ2013年7月号掲載）

⏱ …15分

(2人分)
絹ごし豆腐　1丁
マカロニ　30g

玉ねぎ　1/2個
ツナ　1缶

ブロッコリー　1/3株
ミニトマト　5個

A
｜マヨネーズ　大さじ1
｜粉チーズ　大さじ1
｜塩・こしょう　各少々

ピザ用チーズ　20g

【つくりかた】
1. ブロッコリーは小房に分け食べやすい大きさに、ミニトマトは半分に、玉ねぎは薄切りにする。鍋に湯を沸かし、ブロッコリーとマカロニを固めに茹で、水気をきる。フライパンにツナ缶のオイルを流し入れ、玉ねぎを炒める。
2. ボウルに豆腐とAを入れ、泡立て器でよく混ぜる。
3. 2のボウルに、炒めた玉ねぎ・茹でたマカロニ・ツナを加えて混ぜる。
4. 耐熱皿に3を入れ、ピザ用チーズ・ブロッコリー・ミニトマトをのせる。
5. オーブントースターで焼き色がつくまで焼く。

副菜 しゃっきりピーマンと柔らかカニカマのハーモニー
ピーマンとカニカマのポン酢和え

【つくりかた】
1. ピーマンはへたと種を取り、細く切る。小鍋に湯を沸かし、さっと湯通しして、水気をきる。
2. ボウルに、1と手でほぐしたカニ風味かまぼこを入れ、ポン酢しょうゆで和える。

⏱ …5分

(2人分)
ピーマン　1個
カニ風味かまぼこ　小3本
ポン酢しょうゆ　小さじ1

汁もの スープ界の優等生
わかめと玉ねぎのスープ

【つくりかた】
1. わかめは水につけてもどし、水気をしぼって、汁椀に入れる。
2. 鍋に水・コンソメを入れて沸かし、玉ねぎを加えて煮る。
3. こしょうで味を調え、1の汁椀に注ぐ。

⏱ …5分

(2人分)
玉ねぎ　1/4個

水　300cc
顆粒コンソメ　小さじ2

乾燥カットわかめ　2g

こしょう　少々

ポイント！
豆腐を滑らかにして、なんちゃってホワイトソースとして使います。また、ツナ缶の油分も捨てずに、玉ねぎを炒める油として活用しましょう（豆腐ソースのグラタン・つくりかた**2**と**3**）。

水 Wednesday

主菜 なんちゃって酢豚
本格中華を超える見た目にビックリ！
（「まゆみちゃん家のTHE節約献立」Vol.9 日曜レシピ・ワイヤーママ 2012年4月号掲載）

…15分

(2人分)
車麩　3枚
マヨネーズ　大さじ1
小麦粉　大さじ2

人参　1/2本
ピーマン　1個
玉ねぎ　1/2個

A
鶏がらスープの素　小さじ1
水　50cc
砂糖・酒・酢　各小さじ1
しょうゆ　小さじ1/2
ケチャップ　大さじ1と1/2
片栗粉　小さじ1

油　大さじ2

【つくりかた】
1. へたと種をとったピーマンと人参を、一口大の乱切りにする。玉ねぎは、薄切りにする。人参と玉ねぎ、水（分量外・大さじ2）を耐熱皿に入れ、ラップをして、電子レンジ（600W）で3分加熱する。
2. 車麩を水で戻し、4等分に切り、両面に薄くマヨネーズを塗って小麦粉をつける。
3. フライパンに油を熱し、2の車麩を両面焼きながら、1の人参と玉ねぎも加えて炒める。
4. Aを合わせ、3に流し入れ、とろみをつける。

副菜 もやしのナムル
茹でて和えるだけの簡単調理

【つくりかた】
1. 小松菜は3センチ幅に切る。
2. 鍋に湯を沸かし、もやし・小松菜を入れて茹でる。ざるに出し、水気をしっかり絞る。
3. Aをボウルに合わせ、2のもやしと小松菜も加えて混ぜる。

…10分

(2〜3人分程度)
もやし　1パック分
小松菜　1/2束

A
鶏がらスープの素　小さじ1
ごま油　小さじ1
おろしにんにく
（チューブタイプ）　小さじ1/2
いりごま（黒）　大さじ1
塩・こしょう　各少々

汁もの たまごスープ
時短の基本スープ

【つくりかた】
1. 鍋に水・鶏がらスープの素を入れて沸かす。
2. 溶き卵を回し入れてふんわりと火を通し、刻んだねぎを加える。

…5分

(2人分)
卵　1個
万能ねぎ　1本分

水　300cc
鶏がらスープの素　大さじ1

ポイント！
お肉の代わりに車麩を使います。車麩にマヨネーズを塗ることで、旨みがアップ！　淡白過ぎない味わいになります（なんちゃって酢豚・つくりかた2）。

木 Thursday

 主菜

チキン南蛮
めんつゆ・みりん・酢が思わぬ味わいを引き出す

(「まゆみちゃん家のTHE節約献立」Vol.25 火曜レシピ・ワイヤーママ 2013年8月号掲載)

⏱ …15分

(2人分)
鶏むね肉　1枚
片栗粉　大さじ2
油　大さじ4

A
| めんつゆ（3倍濃縮）大さじ2
| みりん　大さじ1
| 酢　大さじ1

タルタルソース　適量
添え　リーフレタス　2枚
添え　ミニトマト　4個

【つくりかた】
1. 鶏肉は薄いそぎ切りにし、片栗粉をまぶす。
2. フライパンに油を熱し、**1**を揚げ焼きにする。
3. Aをバットに合わせ、油を切った**2**を加え、よく味をなじませる。
4. 皿に盛り、お好みでタルタルソースを添える。

 副菜

小松菜と厚揚げのしょうが炒め
おつまみにもなりそうなパパにも嬉しい一品

【つくりかた】
1. 厚揚げは、ペーパーで油分をふき取り、一口大に切る。小松菜は3cm幅に切る。
2. フライパンにごま油を熱し、**1**の厚揚げと小松菜を炒める。
3. 合わせたAを流し入れ、汁気を飛ばしながら煮詰めるように炒める。

⏱ …10分

(2人分)
小松菜　1/2束
厚揚げ　小1枚

A
| めんつゆ（3倍濃縮）大さじ1
| みりん　小さじ2
| おろししょうが
| （チューブタイプ）小さじ1/2

ごま油　小さじ2

 **汁もの**

車麩とねぎの味噌汁
ねぎの香ばしさが心にしみる

【つくりかた】
1. 鍋に水・和風だしの素を入れて沸かす。
2. 手で車麩を割って**1**の鍋に入れ、みそを溶き、刻んだねぎを加える。

⏱ …5分

(2人分)
車麩　1枚
万能ねぎ　1本分

水　300cc
和風だしの素　小さじ1
みそ　小さじ2

☺ **ポイント！**

鶏肉は、1枚そのまま揚げるより、先に切ってから揚げ焼きすると火が通りやすく、時短調理にもなります（チキン南蛮・つくりかた**1**）。

金 Friday

主菜 こども人気トップクラスの家庭的メニュー
ふわふわかに玉

(「まゆみちゃん家のTHE節約献立」Vol.33 月曜レシピ・ワイヤーママ 2014年4月号掲載)

⏱ …10分

(2人分)
卵 4個
かに風味かまぼこ 小3本
マヨネーズ 大さじ1
塩・こしょう 各少々

油 大さじ1

A
水 100cc
鶏がらスープの素 大さじ1
砂糖・酢 各大さじ1
しょうゆ 小さじ1
ケチャップ 大さじ3
片栗粉 小さじ2

乾燥パセリ 適量

【つくりかた】
1. ボウルに卵を割りほぐし、手で裂いたかに風味かまぼこ・マヨネーズ・塩・こしょうを加えてよく混ぜる。
2. フライパンに油を熱し、**1**を流し入れ、ふんわりとかき混ぜながら焼いて、皿に盛る。
3. **2**の空いたフライパンをペーパーで拭き、合わせたAを流し入れて中火で熱し、とろみをつける。
4. **2**に**3**のたれをかけ、乾燥パセリをちらす。

副菜 オリーブオイルと塩こしょうの"シンプル・イズ・ベスト"
ピーマンとエリンギのソテー

【つくりかた】
1. エリンギは手で縦に裂く。ピーマンは細く切る。
2. フライパンにオリーブオイルを熱し、**1**を炒め、塩・こしょうで味を調える。

⏱ …5分

(2人分)
エリンギ 1本
ピーマン 1と1/2個

オリーブオイル 小さじ1

塩・こしょう 各少々

汁もの からだにやさしいコンソメ味
野菜スープ

【つくりかた】
1. ブロッコリーは小房に分け、ミニトマトは半分に切る。
2. 鍋に水・コンソメを入れて沸かし、ブロッコリーを加えて煮る。
3. カップにミニトマトを入れ、**2**を注ぎ入れる。

⏱ …5分

(2人分)
ブロッコリー 1/3株
ミニトマト 3個

水 300cc
顆粒コンソメ 小さじ2

😊 ポイント！

たまごにマヨネーズを入れると、冷めてもふわふわした食感で、きれいなたまご色に仕上がります(ふわふわかに玉・つくりかた**1**)。

17

土 Saturday

フライパンで簡単イタリアン

主食 フライパンdeピザ

(「まゆみちゃん家のTHE節約献立」Vol.14 日曜レシピ・ワイヤーママ 2012年9月号掲載)

【つくりかた】
1. ミニトマトは半分に、玉ねぎ・ピーマンは薄く切る。
2. ボウルにホットケーキミックス・水を入れてこね、ひとまとめにする。
3. フライパンに油を薄く伸ばし、2をフライパンの中でさらに伸ばすように広げる。弱めの中火にかけ、生地が固まったらひっくり返し、いったん火を止める。
4. ケチャップを薄く塗り、油分を切ったツナ・1のミニトマト・玉ねぎ・ピーマン・ピザ用チーズをのせる。
5. ふたをして弱火でチーズが溶けるまで焼く。

🕐 …15分

(2人分)
ミニトマト　4個
玉ねぎ　1/4個
ピーマン　1/2個
ツナ　1缶（70g）

ホットケーキミックス　150g
水　60cc

ケチャップ　大さじ3
ピザ用チーズ　20g

油　小さじ1

副菜 ピザと合わせればイタリアンのフルコース気分！

スパゲティサラダ

🕐 …10分

(2人分)
スパゲティ
（早ゆでタイプ）100g

きゅうり　1本
玉ねぎ　1/4個
人参　1/2本
魚肉ソーセージ　1/2本

マヨネーズ　大さじ3
塩・こしょう　各少々

【つくりかた】
1. きゅうりは薄い輪切りに、玉ねぎは薄切りにして水にさらし、水気をしっかり絞る。
2. 人参は薄いいちょう切りに、魚肉ソーセージは半月切りにする。
3. 鍋に湯を沸かし、2の人参とスパゲティは半分に折って表示通りに茹でる。ザルに出し、水気をきる。
4. ボウルに1のきゅうりと玉ねぎ、2の魚肉ソーセージ、3の人参とスパゲティを入れ、マヨネーズであえ、塩・こしょうで味を調える。

😊 **ポイント！**
生地はめん棒を使わず、手で広げるように伸ばすだけでOK！　生地をひっくり返したときに、フライ返しでまんべんなく押せば、生地の厚みも均一になります（フライパンdeピザ・つくりかた3）。

日 Sunday

主食 ひとたび作れば我が家がオリエンタルなムードに
本格タイ料理　フライパンでカオマンガイ

（「まゆみちゃん家のTHE節約献立」Vol.50 日曜レシピ・ワイヤーママ2015年9月号掲載）

【つくりかた】

1. リーフレタスは細く切る。玉ねぎは薄く切る。ミニトマトは半分に切る。
2. 鶏肉を薄いそぎ切りにし、砂糖をもみこむ。耐熱皿に鶏肉を並べ、合わせたAをかけ、ラップをかける。電子レンジ（600W）で3分加熱する。
3. フライパンに油を熱し、ご飯を加え、2の蒸し汁をかけて炒める。
4. 皿に3を盛り、2の鶏肉・野菜を添える。お好みでスイートチリソースをかける。

🕐 …10分

（2人分）
鶏むね肉　1枚
砂糖　小さじ1

A
| 鶏がらスープの素　小さじ2
| 塩・こしょう　各少々
| 酒　大さじ2
| おろししょうが・おろしにんにく
| （ともにチューブタイプ）
| 各小さじ1/4

ごはん　2膳分（300g程度）
油　小さじ1

リーフレタス　2枚
ミニトマト　3個
玉ねぎ　1/4個

スイートチリソース　適量

汁もの

しっとり、
穏やかな胃にやさしいスープ
春雨スープ

🕐 …5分

（2人分）
春雨　10g
エリンギ　1本
鶏がらスープの素　大さじ1
水　300cc

【つくりかた】

1. 鍋に水・鶏がらスープの素を入れてひと煮立ちさせ、春雨と手で裂いたエリンギを入れて煮る。

😊 **ポイント！**
パサつきがちな鶏むね肉は、砂糖をもみこむことで、しっとりやわらかな仕上がりになります（本格タイ料理　フライパンでカオマンガイ・つくりかた2）。

Column 01 日用品節約術

テレビ・雑誌などで話題の「まゆみ式節約術」ワイヤーママ徳島版で掲載された

その① みかんの皮と水で万能洗剤！

みかんなど、柑橘系くだものの皮なら何でもOK。皮を鍋に入れ、ひたひたになる程度の水を加えます。5分程度煮詰め、粗熱が取れるまで放置します。これで洗剤のできあがり。汚れのひどいところは原液で使い、それ以外であれば2〜3倍に薄めて使うと良いですよ。油汚れであれば、綺麗に落とすことができます。余った場合は、冷蔵保存で5日程度保存できます。ただし、できるだけ早めに使い切ることを心がけましょう。（「まゆみの 進め！節約道」其の参・ワイヤーママ徳島版2010年1月号掲載）

その② ステンレス部分の掃除には小麦粉と酢で

ステンレス製品の掃除は傷がつきやすいので気をつかいますよね。ですが、小麦粉と酢を使えば、軽い力で簡単に綺麗にすることができるのです。この2つを混ぜてペースト状にし、それを布巾やスポンジなどにとって円を描くように磨きます。あとは水で流すだけでピッカピカに！（「まゆみの 進め！節約道」其の参・ワイヤーママ徳島版2010年1月号掲載）

その③ 古新聞でつくる除湿棒

蒸し暑い季節に欠かせないのが除湿剤。そこで、古新聞を使って手作り除湿剤をつくってみましょう！ 名付けて「除湿棒」。古新聞を広げ2〜3枚とり、横長に置いて半分に折ります。それをくるくる〜と丸め、輪ゴムで固定します。これを数本作り、ビニールひもで連結。あとはクローゼットのパイプに通してできあがり！1ヵ月ごとの交換でバッチリ除湿ができるのです！（「まゆみちゃん家のTHE節約献立」Vol.13まゆみならこうする！節約テク・ワイヤーママ徳島版2012年8月号掲載）

ら、反響の大きかった"ワザ"をドーンと紹介！

その④ マスキングテープと爪楊枝の手作りピック

お弁当を彩るアイテムにぜひ！ 爪楊枝にマスキングテープを巻くだけで完成。はさみでテープに切り込みを入れてみると、なおかわいらしくなります。ただ淡々と作るのは飽きてしまいそうなので、テレビを見ながら作るなどすると時間の節約にもなりますね。このピッグ、「作ったのは良いけど、どこに置こう？」となった場合は、お買い物時に肉や魚が入っていた発泡スチロール容器に刺して、キッチンに置くようにしています。（「まゆみちゃん家のTHE節約献立」Vol.35 Mayumi's check!!・ワイヤーママ徳島版2014年6月号掲載）

その⑤ 衣類をリメイクミトン風雑巾

着られなくなったフリースを掃除グッズにリメイク！ フリースを手のひらサイズの四角形に切り、表にしたい部分を内側に向けながら2枚重ねにします。3辺を縫い、縫い目が見えないようにくるりと表裏をひっくり返して袋状に。すると、「ミトン風雑巾」に早変わり！ パソコンやテレビの画面、電話機、棚の上などホコリを寄せ付けやすい場所はもちろんのこと、ブーツや革靴のホコリ拭きにも活用できます。洗えば繰り返し使うことも可能です。（「まゆみちゃん家のTHE節約献立」Vol.18 Mayumi's check!!・ワイヤーママ徳島版2013年1月号掲載）

その⑥ 重曹で手作り万能クレンザー

重曹（大さじ2）に台所洗剤（大さじ1）を混ぜるだけで、万能クレンザーの完成。効果を発揮するのは、台所であれば茶渋落としや流し台の掃除。洗濯であれば襟や袖の汚れ、靴下の汚れ落とし。さらには、トイレ掃除にも大活躍。さまざまな場面で活用ができます。なお、作り置きする際は、1週間以内に使い切るようにしましょう。（「まゆみちゃん家のTHE節約献立」Vol.38 まゆみならこうする！節約テク・ワイヤーママ徳島版2014年9月号掲載）

テーマ 02

家庭料理の概念を覆す！
効率性重視でテキパキとこなせる"瞬作"（一瞬で作れる）メニュー

おうちだからできる！時短レシピ

毎日のごはんづくり、少しでもラクにできればいうことないですよね。そこで、お料理の固定概念をいい意味で覆す"時短レシピ"を集めてみました。

缶詰を少しアレンジしてみると思わぬ一品が生まれたり、脇役になることが多い乾物の使い方を工夫するとひとたび主役になるメニューに生まれ変わったり♪　それでいて、時間をかけすぎず、なおかつ食べてみたら美味しい、それこそが"時短レシピ"なのです。

魚系の缶詰は、骨まで柔らかく、とても食べやすくなっています。魚料理が苦手でも、缶詰を使えばちょちょいのちょい！　乾物も火の通りが早い分、加熱時間が短くて済むので、時短調理界のエース！　しかも、どれも安く手に入れやすい食材です。

「いくら時間があっても足りない！」そう感じた時に必ず助けてくれる存在なので、あらかじめ常備をしておくことをおすすめします。

まゆみ流"イケダン"づくりのススメ　その2

"イケダン"とは…「イケてるダンナ」の略。家事や育児に積極的にかかわる"イクメン"であることは当たり前。さらに進化し、オシャレかつ何でも器用にこなしてしまう、そして妻を輝かせるダンナ…それが"イケダン"なのだ！

体調が悪く、寝込んでしまった時は、家事をするのも一苦労。かといって、ダンナに手伝ってもらおうにも、こちらの思ったようには動いてくれず・・・。ただでさえ体が言うことを聞かないというのに、さらにイライラさせられてしまうなんてことはありませんか？　実のところ、私は何度もあります（笑）。

まずは、自分がしてほしいと思っていることを、ダンナさんが寝込んだ時にやってみてください。

ダンナに言わせると「看病の仕方がイマイチ分からない」というのが本音なのだとか。寝込んだ時にどう接してほしいかを示す意味で、まずはこちらからダンナさんに実践してみる。何度か繰り返すうちに、ダンナさんもそれを真似て接してくれるようになるハズ！　私自身、最近になってようやくこの事実に気が付いたのでした。

Menu

月	火	水	木

金	土	日	

 **お買い物リスト**

- □ さんまのかば焼き缶詰 ‥‥1缶
- □ 焼き鳥缶詰（醤油味）‥‥1缶
- □ 春巻きの皮 ‥‥‥‥‥‥8枚
- □ キャベツ ‥‥‥‥‥‥‥1枚
- □ ブロッコリー ‥‥‥‥‥1株
- □ しめじ ‥‥‥‥‥‥1パック
- □ ミニトマト ‥‥‥‥‥‥9個
- □ えのき ‥‥‥‥‥‥1パック
- □ ピザ用チーズ ‥‥‥‥‥70g
- □ ちくわ ‥‥‥‥‥‥‥‥4本
- □ 木綿豆腐 ‥‥‥‥‥‥‥1丁
- □ 万能ねぎ ‥‥‥‥‥‥‥4本
- □ もやし ‥‥‥‥‥‥1パック
- □ ピーマン ‥‥‥‥‥‥‥2個
- □ きゅうり ‥‥‥‥‥‥‥2本
- □ 鶏もも肉 ‥‥‥‥‥‥‥1枚
- □ レタス ‥‥‥‥‥‥‥‥1個
- □ 玉ねぎ ‥‥‥‥‥‥‥‥1個
- □ 人参 ‥‥‥‥‥‥‥‥‥1本
- □ ツナ缶 ‥‥‥‥‥‥‥‥3缶

- □ コーン缶 ‥‥‥‥‥‥‥1缶
- □ 卵 ‥‥‥‥‥‥‥‥‥‥2個
- □ かに風味かまぼこ ‥‥小3本
- □ 高野豆腐 ‥‥‥‥‥‥‥2枚
- □ キムチ ‥‥‥‥‥‥‥100g
- □ 厚揚げ ‥‥‥‥‥‥‥小2枚
- □ バター
- □ ポン酢しょうゆ
- □ カレー粉
- □ 塩昆布
- □ 乾燥カットわかめ
- □ 乾燥パセリ
- □ 鶏がらスープの素
- □ 顆粒コンソメ
- □ おろししょうが（チューブタイプ）
- □ おろしにんにく（チューブタイプ）
- □ オリーブオイル
- □ めんつゆ（3倍濃縮）
- □ すりごま（白）

●家にストックがないときに買い足しておきたい具材
- □ ごま油
- □ マヨネーズ
- □ 塩
- □ こしょう
- □ 醤油
- □ 酒
- □ 砂糖
- □ みりん
- □ 片栗粉
- □ 小麦粉
- □ ケチャップ
- □ 油

 上品な味わいが食欲をそそる
かば焼き缶詰で春巻き
(「まゆみちゃん家のTHE節約献立」Vol.47 月曜レシピ・ワイヤーママ 2015年6月号掲載)

🕐 …15分

(2人分)
さんまのかば焼き缶詰　1缶（100g）
春巻きの皮　8枚
キャベツ　1枚
ピザ用チーズ　30g

油　大さじ1

水　適量

【つくりかた】
1. キャベツは千切りにする。かば焼き缶詰の身をほぐす。
2. 春巻きの皮に千切りキャベツ→さんまのかば焼き→チーズを順にのせて巻く。巻き終わりは水をつけてとめる。
3. トースターの天板にのせ、春巻きの表面にはけ（またはスプーン）で油を塗る。
4. トースターで焼き色が薄くつく程度（5〜7分）に焼く。

 味はもちろん、食感も楽しい
ブロッコリーとちくわのサラダ

【つくりかた】
1. ちくわは輪切りにする。ブロッコリーは小房に分ける。鍋に湯を沸かし、ブロッコリーを茹で、ざるに出して水気をきる。
2. ボウルにブロッコリーとちくわを入れ、マヨネーズで和え、塩・こしょうで味を調える。

🕐 …10分

(2人分)
ブロッコリー　1/2株
ちくわ　2本
マヨネーズ　大さじ1
塩・こしょう　各少々

 シンプル調理で朝食にもピッタリ
豆腐のスープ

【つくりかた】
1. 豆腐はさいの目に切る。
2. 鍋に水を入れて沸かし、豆腐・鶏がらスープの素を入れてひと煮立ちさせる。
3. 器に盛り、刻みねぎをちらす。

🕐 …5分

(2人分)
木綿豆腐　1/4丁

水　300cc
鶏がらスープの素　小さじ2

万能ねぎ　1本

ポイント！
春巻きは油を塗ってトースターで焼くのがミソ！　また、焼いている間に他のおかずを作ることができるので、同時調理で時間の短縮にもなります。（かば焼き缶詰で春巻き・つくりかた3）

火 Tuesday

電子レンジで瞬間調理！

主菜 レンジde鶏肉の照り焼き

（「まゆみちゃん家のTHE節約献立」Vol.17 木曜レシピ・ワイヤーママ2012年12月号掲載）

⏰ …10分

(2人分)
鶏もも肉　1枚

A
| 醤油・酒　各大さじ1
| 砂糖・みりん　各大さじ1/2
| 片栗粉　大さじ1
| おろししょうが（チューブタイプ）小さじ1/2

【つくりかた】
1. 鶏肉は一口大に切る。厚みが均一になるように、分厚いところは開いておく。
2. 深さのある耐熱皿に、よく混ぜ合わせたAをかけ、クッキングシートをのせ、ふんわりとラップをかける。電子レンジ（600W）で5分加熱する。
3. ラップを外し、全体に混ぜタレをからませる。

副菜 明るい見た目で心も晴れやかに
コーンとレタスのサラダ

【つくりかた】
1. レタスを手でちぎる。コーンは実と汁に分ける。
   ※コーンの汁は使うので捨てないこと。
2. レタス・ツナ（油分ごと）・コーン・マヨネーズと塩・こしょうをビニール袋に入れ、口を閉じ、よくふって、味をなじませる。

⏰ …5分

(2〜3人分)
レタス　1/2個
ツナ缶　1缶
コーン　1/2缶

マヨネーズ　大さじ2
塩・こしょう　各少々

汁もの 残ったコーン缶を使ったアイデアスープ
コーン缶のスープ

【つくりかた】
1. コーン缶の汁・水・コンソメを鍋に入れひと煮立ちさせる。
2. ひと煮立ちしたら、手でほぐしたかに風味かまぼこと溶いた卵を流し入れる。
3. 器に盛り、刻んだねぎをちらす。

⏰ …5分

(2人分)
コーン缶の汁　1缶分
顆粒コンソメ　小さじ1
水　300cc

卵　1個
かに風味かまぼこ　小3本

万能ねぎ　1本

😊 ポイント！

照り焼きといえばフライパンで焼くイメージですが、ここではレンジで！ 深みのある耐熱皿にタレごと入れて、電子レンジで加熱すれば、あっという間に照り焼き風に♪（レンジde鶏肉の照り焼き・つくりかた2）

水 Wednesday

 食べてビックリ、ヘルシーから揚げ
高野豆腐のから揚げ

(「まゆみちゃん家のTHE節約献立」Vol.46 弁当その③・ワイヤーママ2015年5月号掲載)

⏱ …15分

(2人分)
高野豆腐　2枚

A
| 醤油　大さじ1と1/2
| みりん　大さじ1
| おろししょうが・おろしにんにく（ともにチューブタイプ）各小さじ1

片栗粉　適量（たっぷりめに使う）

油　フライパンの底から1cm程度

【つくりかた】
1. 水で戻した高野豆腐の水気を絞り、手で一口サイズにちぎる。
2. Aをビニール袋に入れ、1を入れて、しっかりもみこむ。
3. 2に片栗粉をまぶし、油で揚げる。

 いろどり鮮やか、きのこのしゃっきり食感もgood!!
ブロッコリーときのこの焼きサラダ

【つくりかた】
1. ブロッコリーは小房に分け、しめじは石づきをとってほぐす。ミニトマトは4等分に切る。
2. フライパンにオリーブオイル・おろしにんにくを入れて熱し、ブロッコリーとしめじを炒め、めんつゆをかけて味を調える。
3. 器に盛り、ミニトマトをちらす。

⏱ …10分

(2人分)
ブロッコリー　1/2株
しめじ　1/2パック
ミニトマト　2個

オリーブオイル　大さじ1
おろしにんにく
（チューブタイプ）小さじ1/2

めんつゆ（3倍濃縮）小さじ1

 お子さんのキッチンデビューにも使える簡単メニュー
湯を注ぐだけ！　即席スープ

【つくりかた】
1. わかめは水で戻し、水気をきる。
2. カップにコンソメ・1のわかめを入れて、湯を注いでよく混ぜる。
3. お好みでパセリをちらす。

⏱ …5分

(2人分)
顆粒コンソメ　小さじ2
湯　300ml
乾燥カットわかめ　大さじ1
乾燥パセリ　適量

😊 ポイント！
高野豆腐の水気は、しっかり絞っておきましょう。そして、包丁で切らずに、あえて手でちぎりましょう。できあがったときに、より"鶏のから揚げ"っぽく見えますよ。（高野豆腐のから揚げ・つくりかた1）

主菜 フライパンdeキムチー焼き

身近な食材で作るスタミナメニュー

(「まゆみちゃん家のTHE節約献立」Vol.7 金曜レシピ・ワイヤーママ2012年2月号掲載)

⏱…15分

(2人分)
木綿豆腐 3/4丁
小麦粉 適量
油 大さじ2

キムチ 100g
ピザ用チーズ 40g
万能ねぎ 1本

【つくりかた】
1. 豆腐は一口大に切り、小麦粉をまぶす。
2. キムチはみじん切りにする。
3. フライパンに油を熱し、豆腐をカリッとなるまで焼く。さらに、刻んだキムチとチーズをのせ、ふたをしてチーズがとろけるまで弱火で焼く。仕上げに刻みねぎをちらす。

副菜① たたききゅうりのもみ漬け

ごはんがススム、味のアクセント

【つくりかた】
1. きゅうりをめん棒でたたき、手で割る。
2. ビニール袋に1・Aを入れてもみこみ、口を閉じて冷蔵庫で冷やす。

⏱…5分

(2人分)
きゅうり 1本

A
| めんつゆ(3倍濃縮) 小さじ1
| ごま油 小さじ1
| すりごま(白) 小さじ1

副菜② えのきとちくわの炒めもの

飽きのこない、落ち着いた口当たり

【つくりかた】
1. えのきの根元を切り落とし、長さを半分に切ってほぐす。ちくわは薄い輪切りにする。
2. フライパンに油を熱し、えのき・ちくわを炒め、火を止めて塩昆布をなじませる。

⏱…5分

(2人分)
えのき 1パック
ちくわ 2本
塩昆布 人さじ1
油 小さじ1

ポイント！

キムチはそのままのせるより、刻んだ方が食べやすくなります。キムチを刻む際は、ラップを2～3枚重ねて敷くと、まな板への色移りを防ぐことができますよ。(フライパンdeキムチー焼き・つくりかた2)

金 Friday

主菜 満点ボリュームで育ちざかりのお子さんも大喜び
厚揚げの甘辛炒め
（「まゆみちゃん家のTHE節約献立」Vol.50 水曜レシピ・ワイヤーママ2015年9月号掲載）

🕐 …10分

(2人分)
厚揚げ　小2枚
小麦粉　大さじ2

A
めんつゆ（3倍濃縮）大さじ2
みりん　大さじ1
水　大さじ1

油　大さじ1

万能ねぎ　1本

【つくりかた】
1. 厚揚げはさっと水で洗い、ペーパーで水気をとる。一口大に切ったのち、ビニール袋に小麦粉と一緒に入れる。よくふって、小麦粉をまんべんなく薄くつける。
2. フライパンに油を熱し、1をこんがり焼き、合わせたAを流し入れ、汁気を飛ばしながら照りからめる。

副菜① どんな主菜とも相性バッチリ
もやしの和え物

【つくりかた】
1. 鍋に湯を沸かし、もやしを茹でる。ざるにとり、よく洗って水気を絞り、ボウルに入れる。
2. 1に塩昆布を入れて、よくからめる。

🕐 …5分

(2〜3人分)
もやし　1パック
塩昆布　大さじ2

副菜② オリーブオイルで炒める健康メニュー
ピーマンとしめじのソテー

【つくりかた】
1. ピーマンは縦に細く切る。しめじは石づきをとってほぐす。
2. フライパンにオリーブオイルを熱し、1とコーンを炒め、塩・こしょうで味を調える。

🕐 …5分

(2人分)
ピーマン　1個
しめじ　1/2パック
コーン缶　1/2缶

塩・こしょう　各少々

オリーブオイル　大さじ1

😊 ポイント！

厚揚げに小麦粉をまぶすと、たれがからまりやすくなります。ビニール袋に厚揚げ・小麦粉を入れてよくふれば、簡単に小麦粉をつけることができますよ。（厚揚げの甘辛炒め・つくりかた1）

世界一作るのが簡単なカレー！？

【主食】 ツナと野菜の和風ドライカレー

（「まゆみちゃん家のTHE節約献立」Vol.47 金曜レシピ・ワイヤーママ 2015年6月号掲載）

【つくりかた】
1. 玉ねぎ・人参は1.5cm角のサイコロ状に切り、耐熱ボウルに入れる。ラップをし、電子レンジ（600W）で3分加熱する。
2. ラップを外し、ツナ缶（油分ごと）とAを入れてよく混ぜる。再びラップをし、電子レンジ（600W）で3分加熱する。
3. ご飯と一緒に2を盛る。

…10分

（2人分）
ツナ缶　2缶
玉ねぎ　1/2個
人参　1本
おろしにんにく（チューブタイプ）
小さじ1/2

A
| めんつゆ（3倍濃縮）大さじ1
| カレー粉　大さじ1
| ケチャップ　大さじ2

【副菜】 カレーのお供といえばやっぱりコレ！

ミニトマトとレタスのサラダ

…5分

（2人分）
レタス　1/2個
きゅうり　1本
ミニトマト　7個

ポン酢しょうゆ　大さじ2

ポイント！
ドライカレーと言えば"ひき肉"を使うところですが、そのままでも食べられる"ツナ"を使うことで、時短にも食費節約にもつながります。（ツナと野菜の和風ドライカレー・つくりかた2）

【つくりかた】
1. レタスは手でちぎる。きゅうりはスライサーで薄く切る。ミニトマトは半分に切る。
2. ビニール袋に1とポン酢しょうゆを入れ、口を閉じ、よくふって味をなじませる。

日 Sunday

焼き鳥缶を使った"奇跡"の一品

【主食】 **失敗しない！ 超簡単オムライス**

(「まゆみちゃん家の THE 節約献立」Vol.47 日曜レシピ・ワイヤーママ 2015年6月号掲載)

【つくりかた】
1. 玉ねぎは薄切りに、ピーマンは細く切る。
2. ボウルに水・片栗粉を入れてよく混ぜて、卵を溶きほぐす。フライパンに油（大さじ1）を熱し、卵液を流し入れて両面焼く。
3. **2**の空いたフライパンに油（大さじ1）を熱し、玉ねぎを炒め、さらにごはん・焼き鳥缶詰（汁ごと）・ピーマンを加えて炒め、バター・ケチャップを混ぜて味を調える。
4. 皿に**3**を盛り、半分に切った**2**の薄焼き卵をのせる。

…10分

(2人分)
卵　1個
水　大さじ1
片栗粉　小さじ1

たまねぎ　1/4個
ピーマン　1個
焼き鳥缶詰（醤油味）1缶

ごはん　2膳分

ケチャップ　大さじ2～3

バター　5g程度
油　大さじ2

【汁もの】

洋食の付け合わせには欠かせない
オニオンスープ

…5分

(2人分)
玉ねぎ　1/4個

水　300cc
顆粒コンソメ　小さじ2

こしょう　少々
乾燥パセリ　適量

【つくりかた】
1. 鍋に水・コンソメを入れて沸かし、玉ねぎを加えて煮る。
2. こしょうで味を調え、**1**の汁椀に注ぎ、パセリをちらす。

ポイント！
鶏肉を切って入れるのは面倒！ 焼き鳥缶詰なら、切る手間も省けるし、加熱済みなので、サッと炒めるだけでOKなのです！（失敗しない！ 超簡単オムライス・つくりかた**2**）

Column 02 キッチンの光熱費節約術

テレビ・雑誌などで話題の「まゆみ式節約術」ワイヤーママ徳島版で掲載された

その① 足元の寒さ対策に段ボールを

キッチンでの立ち仕事。ママにとっては、1日の中でも多くの時間を使う場所ですよね。特に、朝晩の足元からの底冷えは、心身にジ〜ンと凍みてきますよね…。そんなときは、キッチンマットの下に、同じ大きさに切った段ボールを敷きます。動いてズレてしまうのが気になる場合は、数カ所をマジックテープで止めるとズレを防ぐことができます。マジックテープだと、キッチンマットを洗う時も簡単に着脱することができますよ。段ボールさえあれば、足元の暖房器具を使わずとも寒さをしのぐことができます。（「まゆみちゃん家のTHE節約献立」Vol.8 Mayumi's check!!・ワイヤーママ徳島版2012年3月号掲載）

その② "シャンパンタワーすすぎ" で水道代節約

食器を洗う際に習慣づけたいのが、洗った食器が小さなものが上になるよう積み重ね、その上から水を流す方法。まるでシャンパンタワーのように、上から下へと順に水が流れていきます。小さなお皿をすすいでいるうちに、大きなお皿についていた洗剤はほぼすすぎ終わっている状態に。節水と時短にとても効果的です。（「まゆみちゃん家のTHE節約献立」Vol.12 まゆみならこうする！節約テク・ワイヤーママ徳島版2012年7月号掲載）

その③ バスタオルを使って余熱調理

カレーや肉じゃがなどの煮込み料理は、ある程度加熱ができたらバスタオルで包んで、余熱調理に切り替えます。具材に火が通ったら、早めに加熱をやめ、鍋ごとバスタオルで包みます。特に、肉じゃがはしっかりと味がしみ込みます。余熱調理によって、光熱費のカットはもちろん、家事の時短にも効果的。使い古しのバスタオルは、余熱調理用に保管しておくと良いですね。（「まゆみの進め！節約道」其の五・ワイヤーママ徳島版2010年3月号掲載、「まゆみちゃん家のTHE節約献立」Vol.18 まゆみならこうする！節約テク・ワイヤーママ徳島版2013年1月号掲載）

ら、反響の大きかった"ワザ"をドーンと紹介！

その④ フライパンでパスタ茹で

大きな鍋でお湯を沸騰させ、パスタを茹でる…基本的な方法とはいえ、「大きな鍋にたっぷりのお湯を沸かす」という作業そのものが光熱費アップにつながってしまいます。そこで！ 2人分程度の調理であれば、フライパンで茹でてしまいましょう。フライパンでお湯を沸かし、パスタを入れます。麺を全部一気に入れることは難しいですが、半分程度が湯に浸ってくると、少しずつ柔らかくなるので、フライパンの縁に沿うように菜箸を当てていきます。麺全体が浸ったら、あとは茹で時間を待つだけ！ このやり方で、水の量と光熱費を減らすことができるのです。（「まゆみちゃん家のTHE節約献立」Vol.37まゆみならこうする！節約テク・ワイヤーママ徳島版2014年8月号掲載）

その⑤ すぐできる冷蔵庫の節電

生活に欠かせない家電製品の代表格・冷蔵庫。これをどのようにして節電するかはみなさんのご家庭でも話題に上っているかもしれません。そこで、すぐにできる節電方法を紹介します。①熱いものは、必ず冷ましてから入れる。②ドアの開閉を減らすよう日頃から意識する。③賞味期限が切れたものはないか、余分な買い物をしていないかを見ながら、冷蔵室の整理をする。④ドアのパッキンが緩んでいないかをチェックする。厚めの紙を挟んでみて、落ちてくるようだとパッキンの交換時期です。（「まゆみの 進め！節約道」其の五・ワイヤーママ徳島版2010年3月号掲載、「まゆみちゃん家のTHE節約献立」Vol.3まゆみならこうする！節約テク・ワイヤーママ徳島版2011年10月号掲載）

その⑥ お湯の保温は魔法瓶で

みなさんのご家庭にある電気ポット。1日中電源が入ったままになっていませんか？ 実は、電源を入れた状態を継続すると、1日あたりの電力消費量は冷蔵庫並みなのだとか…。頻繁に使うのでなければ、必要な時にお湯を沸かして魔法瓶で保温しておくよう心がけてみましょう。（「まゆみの 進め！節約道」其の五・ワイヤーママ徳島版2010年3月号掲載）

テーマ 03

大切な食材をググーンと長持ち！
多めに作っておくことで、アレンジのバリエーションも多彩に!!

備えあれば"苦労"なし
作り置きでラクチンおかずレシピ

毎日の食事づくりを効率的にするために私が重視していること…。

それは"作り置き"。

おかずを作る際に、あえて多めに作っておいたり、買い物後の小分け保存（5ページ参照）をしながら、いつでも調理できるように仕込んでおくと、いざというときに慌てることなく作り置き食材を活用することができます。

なかでも、私がよく使うのが酢やしょうが。大切な食材を長持ちさせられるほか、味わいや風味が増すので大活躍しています。

また、多めに作ったものは、ほかの食材と合わせてアレンジするなんてこともOK！ 同じ味ばかりで飽きてしまうこともなく、ひと味もふた味も違った美味しさに出会うことができるのですよ。

まゆみ流"イケダン"づくりのススメ　その3

"イケダン"とは…「イケてるダンナ」の略。家事や育児に積極的にかかわる"イクメン"であることは当たり前。さらに進化し、オシャレかつ何でも器用にこなしてしまう、そして妻を輝かせるダンナ…それが"イケダン"なのだ！

みなさんは、ダンナさんが掃除や食器洗い、洗濯など、家事を率先してやってくれたとき、「ありがとう」の一言を伝えていますか？

これは新婚当時のこと。私の外出中に、ダンナが部屋の隅っこにたまったホコリを掃除してくれたことがありました。

ところが何を思ったか。私は、「日頃きっちり掃除ができていない」と、ダンナから責められているように感じてしまったのです。もちろん、彼にはそんなつもりはなく…。

どこかで「自分の至らなさ」に引け目を感じているから、相手の優しさを素直に受け止められなかったのだと、数年経った今でも強く反省しています。

その一件以来、ダンナに家事を手伝ってもらったときは、まず一言「ありがとう！」と告げるよう心がけています。ちょっと照れくさかったりもするのですが、気持ちがすれ違わないためにも、絶対に必要なコミュニケーションだと思っています。

笑顔で「ありがとう！」といえば、みんなハッピーになれるのです♪

Menu

| 月 | 火 | 水 | 木 |
| 金 | 土 | 日 | |

1週間分 お買い物リスト

- ☐ 豚肉（とんかつ用）⋯⋯ 300g
- ☐ 豚薄切り肉⋯⋯⋯⋯⋯ 150g
- ☐ 玉ねぎ⋯⋯⋯⋯⋯⋯⋯ 2個
- ☐ なす⋯⋯⋯⋯⋯⋯⋯⋯ 2本
- ☐ オクラ⋯⋯⋯⋯⋯⋯⋯ 6本
- ☐ トマト水煮缶⋯⋯⋯⋯ 1缶
- ☐ 人参⋯⋯⋯⋯⋯⋯⋯⋯ 2本
- ☐ 大根⋯⋯⋯⋯⋯⋯⋯⋯ 1本
- ☐ きゅうり⋯⋯⋯⋯⋯⋯ 1本
- ☐ 鶏ひき肉⋯⋯⋯⋯⋯ 200g
- ☐ しいたけ⋯⋯⋯⋯⋯⋯ 1枚
- ☐ ピーマン⋯⋯⋯⋯⋯⋯ 1個
- ☐ ウインナー⋯⋯⋯⋯⋯ 7本
- ☐ ごぼうの水煮⋯⋯⋯ 130g
- ☐ 万能ねぎ⋯⋯⋯⋯⋯⋯ 3本
- ☐ 鶏もも肉⋯⋯⋯⋯⋯⋯ 2枚
- ☐ キャベツ⋯⋯⋯⋯⋯ 1/2個
- ☐ じゃがいも⋯⋯⋯⋯⋯ 3個
- ☐ ちくわ⋯⋯⋯⋯⋯⋯⋯ 2本
- ☐ 油揚げ⋯⋯⋯⋯⋯⋯⋯ 1枚

- ☐ さんま⋯⋯⋯⋯⋯⋯⋯ 2尾
- ☐ 刻みのり
- ☐ シソ⋯⋯⋯⋯⋯⋯⋯⋯ 2枚
- ☐ 紅ショウガ⋯⋯⋯⋯⋯ 5g
- ☐ 鰹節⋯⋯⋯ 小1パック（3g）
- ☐ ブロッコリー
- ☐ ブーレタス
- ☐ ミニトマト
- ☐ 昆布茶
- ☐ コチュジャン
- ☐ めんつゆ（3倍濃縮）
- ☐ 顆粒コンソメ
- ☐ おろししょうが（チューブタイプ）
- ☐ パン粉
- ☐ 和風だしの素
- ☐ みそ
- ☐ 一味唐辛子
- ☐ 粉チーズ
- ☐ 乾燥パセリ

● 家にストックがないときに買い足しておきたい具材
- ☐ ケチャップ
- ☐ ウスターソース
- ☐ マヨネーズ
- ☐ オリーブオイル
- ☐ 砂糖
- ☐ 油
- ☐ 塩
- ☐ こしょう
- ☐ 小麦粉
- ☐ みりん
- ☐ 酢
- ☐ ごま油
- ☐ 片栗粉
- ☐ 醤油
- ☐ パン

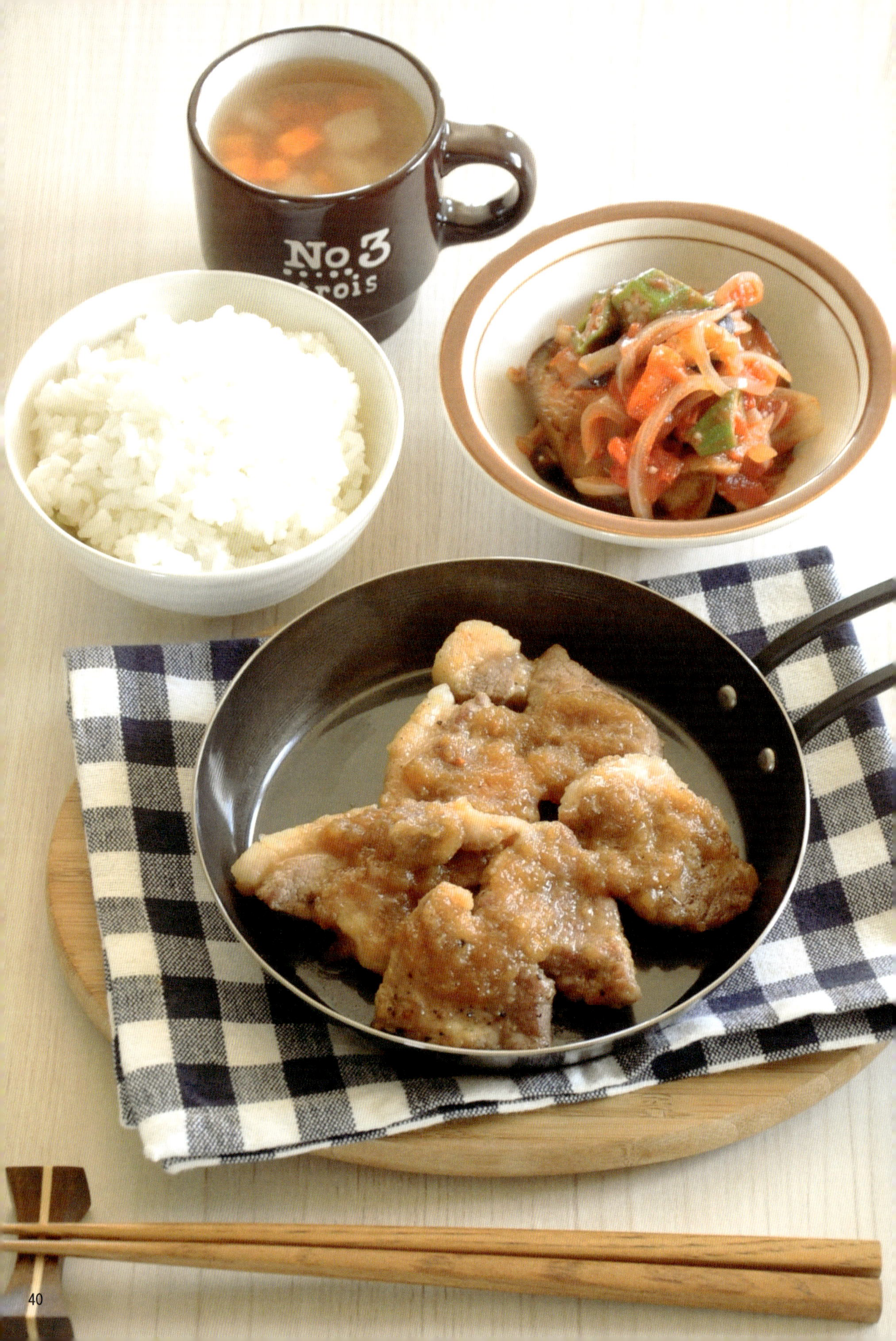
No 3

月 Monday

主菜 肉を柔らかくすることでこどもにも食べやすく
和風ポークステーキ

（「まゆみちゃん家のTHE節約献立」Vol.42 ストックおかずその③・ワイヤーママ 2015年1月号掲載）

🕐 …15分

(2人分)
豚肉（とんかつ用） 300g
塩・こしょう 各少々
小麦粉 大さじ1

A
めんつゆ（3倍濃縮） 大さじ4
みりん 大さじ1
酢 大さじ1
おろし玉ねぎ 1/2個分

油 大さじ1

【つくりかた】
1. 豚肉を一口大に切り、塩・こしょうをふる。ビニール袋に豚肉と小麦粉を入れ、よくふってまんべんなくなじませる。
2. フライパンに油を熱し、**1**を焼き色がつくまで両面焼く。
3. 合わせたAを**2**のフライパンに流し入れ、煮詰めながら煮からめる。
4. 皿に盛り、煮詰めたタレをかけてできあがり。

副菜 しっかり煮詰めて味わい深く
野菜のトマト煮

【つくりかた】
1. なすはへたを取り、斜めに1cmの厚さに切る。塩（分量外・少々）でもみ、水気を絞る。玉ねぎは薄切りする。オクラはがくをとり、塩（分量外・少々）をまぶして全体を軽くこすり、水洗いしてうぶ毛をとり、一口大の乱切りに。
2. フライパンにオリーブオイルを熱し、なす・玉ねぎを炒め、玉ねぎがしんなりしたらオクラ・Aを加え、汁気を飛ばすように煮詰める。

🕐 …10分

(2人分)
なす 1本
玉ねぎ 1/2個
オクラ 6本

A
トマト水煮缶 1/2缶
顆粒コンソメ・砂糖 各小さじ1

オリーブオイル 大さじ1

汁もの 定番野菜を活かす王道スープ
人参と大根のスープ

【つくりかた】
1. 人参・大根は1.5cm角に切り、鍋に水と一緒に入れて、ひと煮立ちさせる。
2. 顆粒コンソメを加え、柔らかくなるまで煮て、こしょうで味を調える。

🕐 …10分

(2人分)
人参 1/2本
大根 4cm程度
水 300cc
顆粒コンソメ 小さじ2
こしょう 少々

😊 **ポイント！**

殺菌効果のある「酢」を合わせ調味料に加えることで、日持ちの効果だけでなく、お肉も柔らかくなります。（和風ポークステーキ・つくりかた3）

41

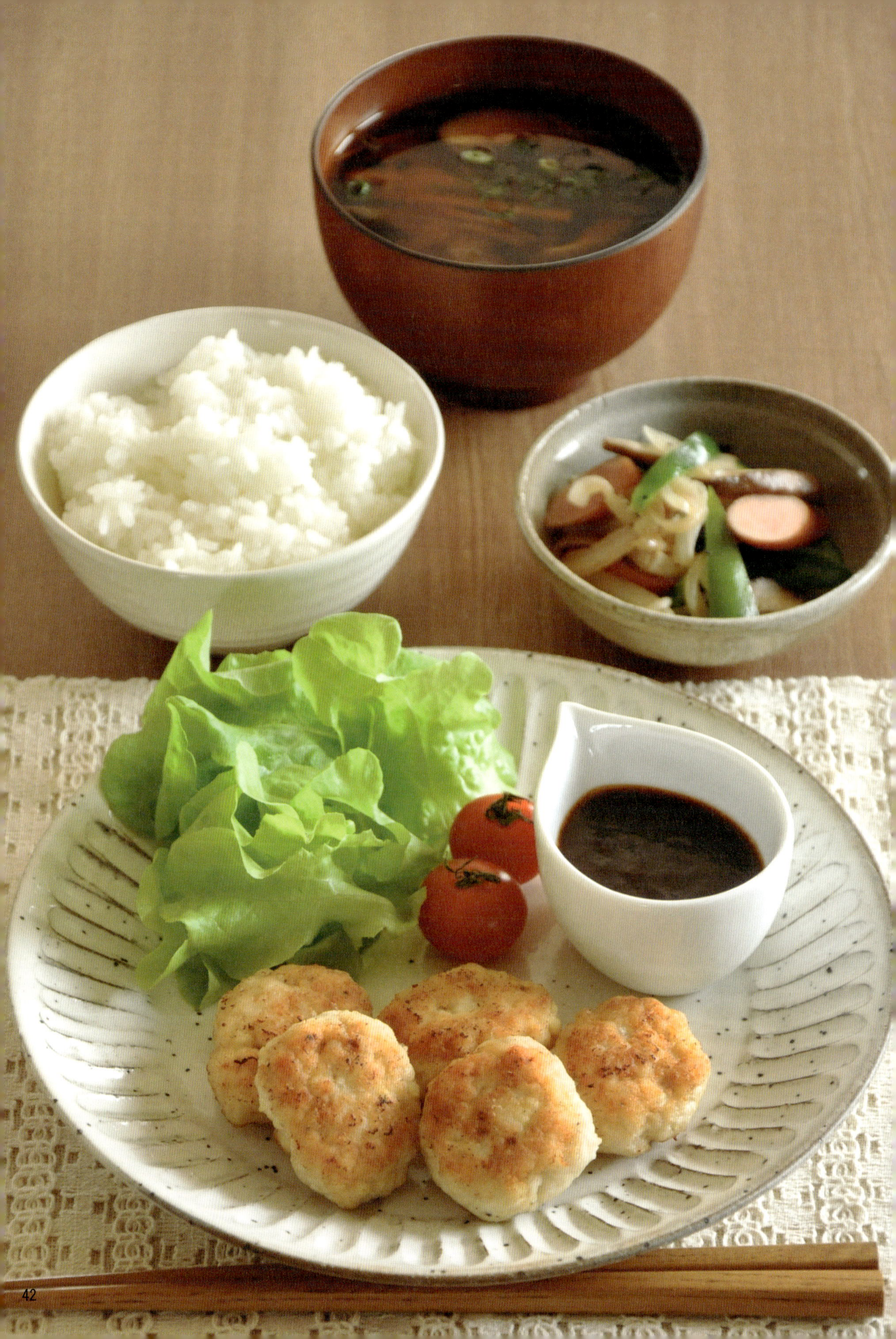

火 Tuesday

主菜 チキンナゲット
フライパンで揚げ焼きするので少量の油でOK！

（「まゆみちゃん家のTHE節約献立」Vol.42 ストックおかずその⑥・ワイヤーママ 2015年1月号掲載）

⏱ …15分

（2人分）
A
- 鶏ひき肉　200g
- おろししょうが　小さじ1/2
- パン粉　大さじ4
- 塩・こしょう　各少々
- マヨネーズ　大さじ1
- 顆粒コンソメ　小さじ1

小麦粉　大さじ1
油　大さじ3

B
- ケチャップ・ウスターソース　同量ずつ

添え　ブーケレタス
添え　ミニトマト

【つくりかた】
1. ビニール袋にAを入れて、袋の上からよくもみこむ。
2. バットに1のタネをスプーンでひとすくいずつ取り出し、薄く小麦粉をまぶす。
3. フライパンに油を熱し、揚げ焼きする。
4. 空いたフライパンに、Bを入れて煮詰める。

副菜 ウインナーと野菜のソテー
塩とこしょうでお好みの味付けに

【つくりかた】
1. しいたけ・ピーマンは細く、玉ねぎは薄く、ウインナーは斜めに薄く、それぞれ切る。
2. フライパンにオリーブオイルを熱し、玉ねぎとウインナーを炒め、玉ねぎがしんなりしたらしいたけとピーマンを加えて炒める。最後に塩・こしょうで味を調える。

⏱ …10分

（2人分）
しいたけ　1枚
玉ねぎ　1/2個
ピーマン　1個
ウインナー　2本

塩・こしょう　各少々

オリーブオイル　小さじ2

汁もの ごぼうの味噌汁
和風だしで身も心も温かく

【つくりかた】
1. 鍋に水・和風だしの素を入れて沸かし、ごぼうを加えて煮立てる。
2. 1の鍋にみそを溶き、刻んだねぎを加える。

⏱ …5分

（2人分）
ごぼうの水煮　30g
万能ねぎ　1本分

水　300cc
和風だしの素　小さじ1
みそ　小さじ2

😊 ポイント！
薄く小麦粉をまぶすときは、茶こしを使うと効率アップ。（チキンナゲット・つくりかた2）

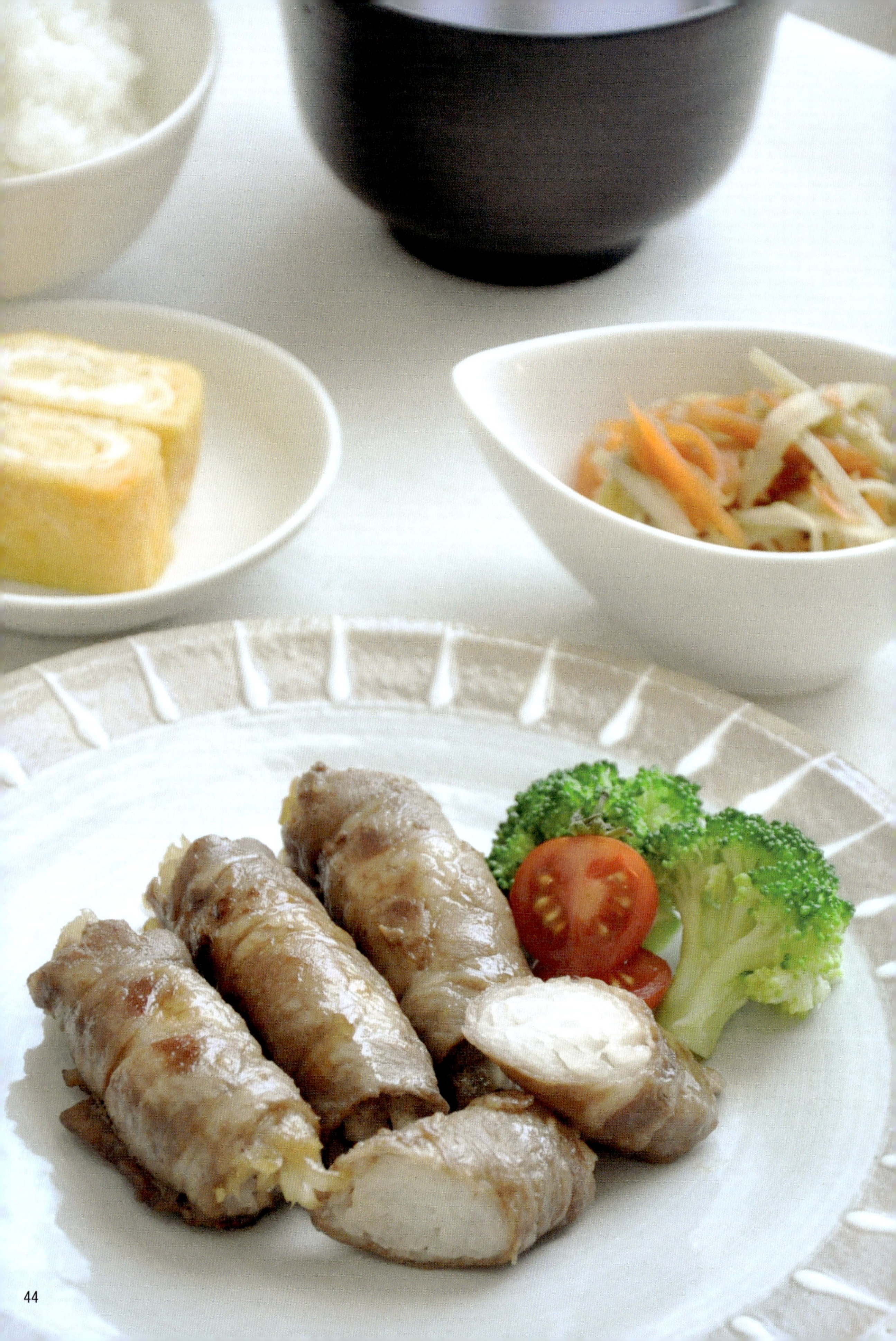

水 Wednesday

主菜 照り焼き感覚でジューシーに
大根でかさまし肉巻き
（本書書き下ろし）

🕐 …15分

（2人分）
豚薄切り肉　150g
大根　10cm程度

油　小さじ2
添え　ブロッコリー
添え　ミニトマト

A
| めんつゆ（3倍濃縮）大さじ2
| みりん　大さじ1
| おろししょうが　小さじ1/2
| 酢　小さじ1/2

【つくりかた】
1. 大根はスライサーで千切りにし、水気を絞る。
2. 豚肉を1枚ずつ広げ、大根をのせてくるりと巻く。
3. フライパンに油を熱し、巻き終わりを下にして焼く。合わせたAを流し入れ、よく煮詰めるように照りからめる。

副菜 家庭料理の定番を時短調理
きんぴらごぼう

【つくりかた】
1. ごぼうの水煮は水気をよくきる。人参はスライサーで千切りにする。
2. フライパンにごま油を熱し1を炒め、合わせたAを流し入れ、汁気を飛ばすように炒める。お好みで一味唐辛子をかける。

🕐 …10分

（2人分）
人参　1/2本
ごぼうの水煮　100g

ごま油　小さじ2

A
| めんつゆ（3倍濃縮）大さじ3
| みりん　大さじ1

一味唐辛子　少々

汁もの なすの風味が身も心も穏やかにさせる
なすの味噌汁

【つくりかた】
1. なすは細く切り、塩（分量外・少々）でもみ、水気を絞る。
2. 鍋に水・和風だしの素を入れて沸かし、なすを加えてひと煮立ちさせる。
3. 2の鍋にみそを溶く。

🕐 …5分

（2人分）
なす　1本

水　300cc
和風だしの素　小さじ1
みそ　小さじ2

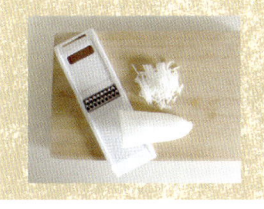

😊 ポイント！

手間のかかる大根の千切りも、スライサーを使えば超簡単！　均一の太さにできるので、加熱むらがなくなるのでおすすめ。（大根でかさまし肉巻き・つくりかた1）

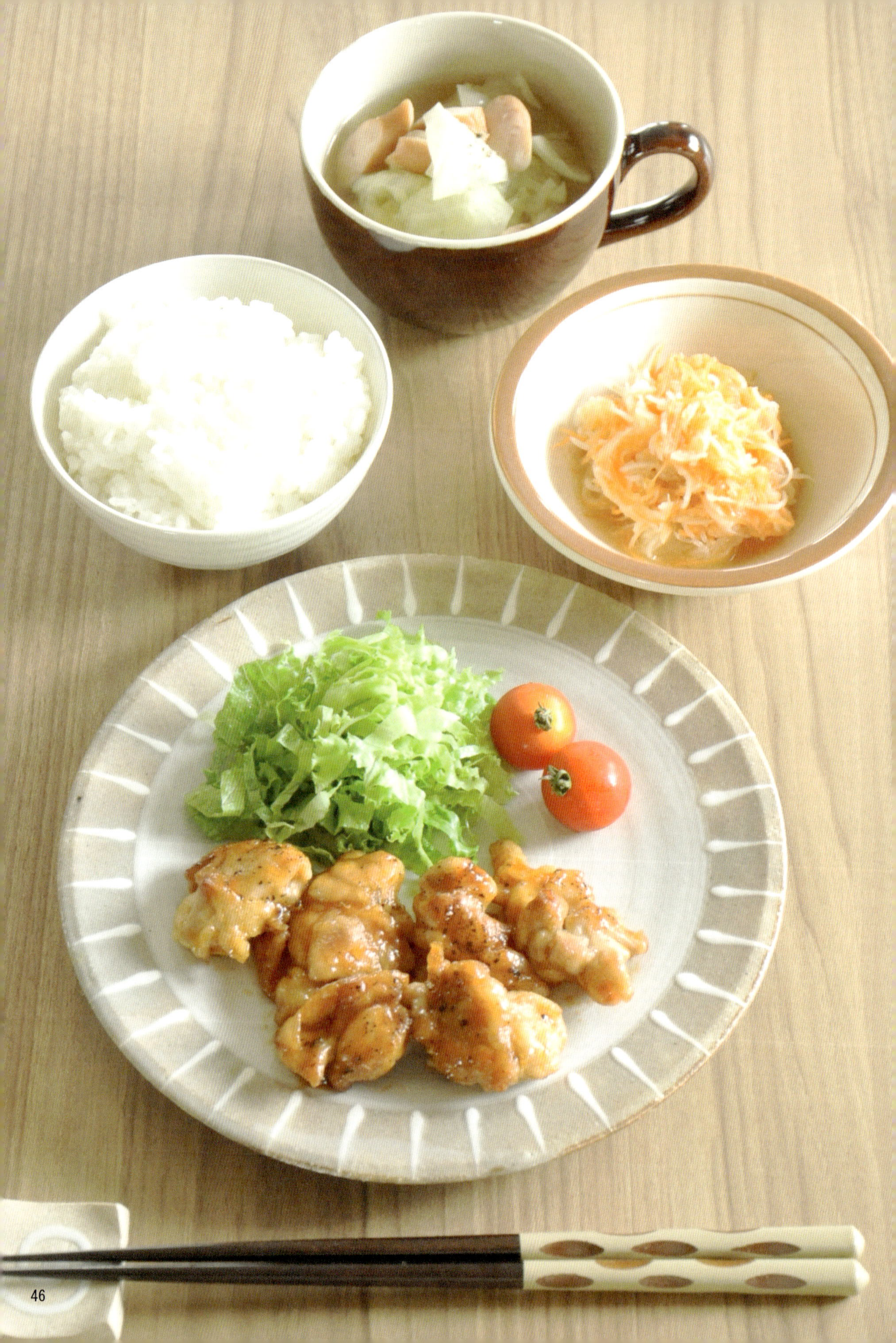

木 Thursday

主菜 チキンステーキ
ヘルシーなのに食べごたえ十分

（「まゆみちゃん家のTHE節約献立」Vol.42 ストックおかずその④・ワイヤーママ 2015年1月号掲載）

🕐 …15分

（2人分）
鶏もも肉　1枚
片栗粉　大さじ1

こしょう　少々

A
｜ケチャップ　大さじ1
｜めんつゆ（3倍濃縮）　大さじ1
｜みりん　大さじ1

添え　刻んだブーケレタス
添え　ミニトマト

【つくりかた】
1. 鶏肉は一口大に切り、ビニール袋に入れて、片栗粉を加えてよくふってなじませる。
2. フライパンに皮を下にして鶏肉を焼き、こしょうをふり、両面焼き色を付ける。
3. こんがりと焼けてきたら、合わせたAを流し入れ、煮詰めながら照りからませる。

副菜 人参と大根のサラダ
鮮やかな色合いで食欲増進

【つくりかた】
1. 人参と大根は皮をむき、スライサーで千切りにする。塩でもみ、水気をしっかりと絞る。
2. ボウルに1とAをよく混ぜる。

🕐 …5分

（2人分）
人参　1/2本
大根　4cm程度
塩　小さじ1/4

A
｜みそ　大さじ1
｜酢　大さじ1
｜オリーブオイル　大さじ1
｜水　大さじ1

汁もの 野菜のスープ煮
大胆な見た目に奥深い味わい

【つくりかた】
1. キャベツはざく切りに、ウインナーは斜めに食べやすい大きさに切る。
2. 鍋に1・水・コンソメを入れて火にかけ、キャベツがしんなりしたら、塩・こしょうで味を調える。

🕐 …10分

（2人分）
キャベツ　2枚
ウインナー　3本
水　300cc
顆粒コンソメ　小さじ2
塩・こしょう　各少々

😊 ポイント！
片栗粉を薄くまぶしておくと、鶏肉がプリッとした食感に。味付けのたれも絡まりやすくなります。（チキンステーキ・つくりかた1）

47

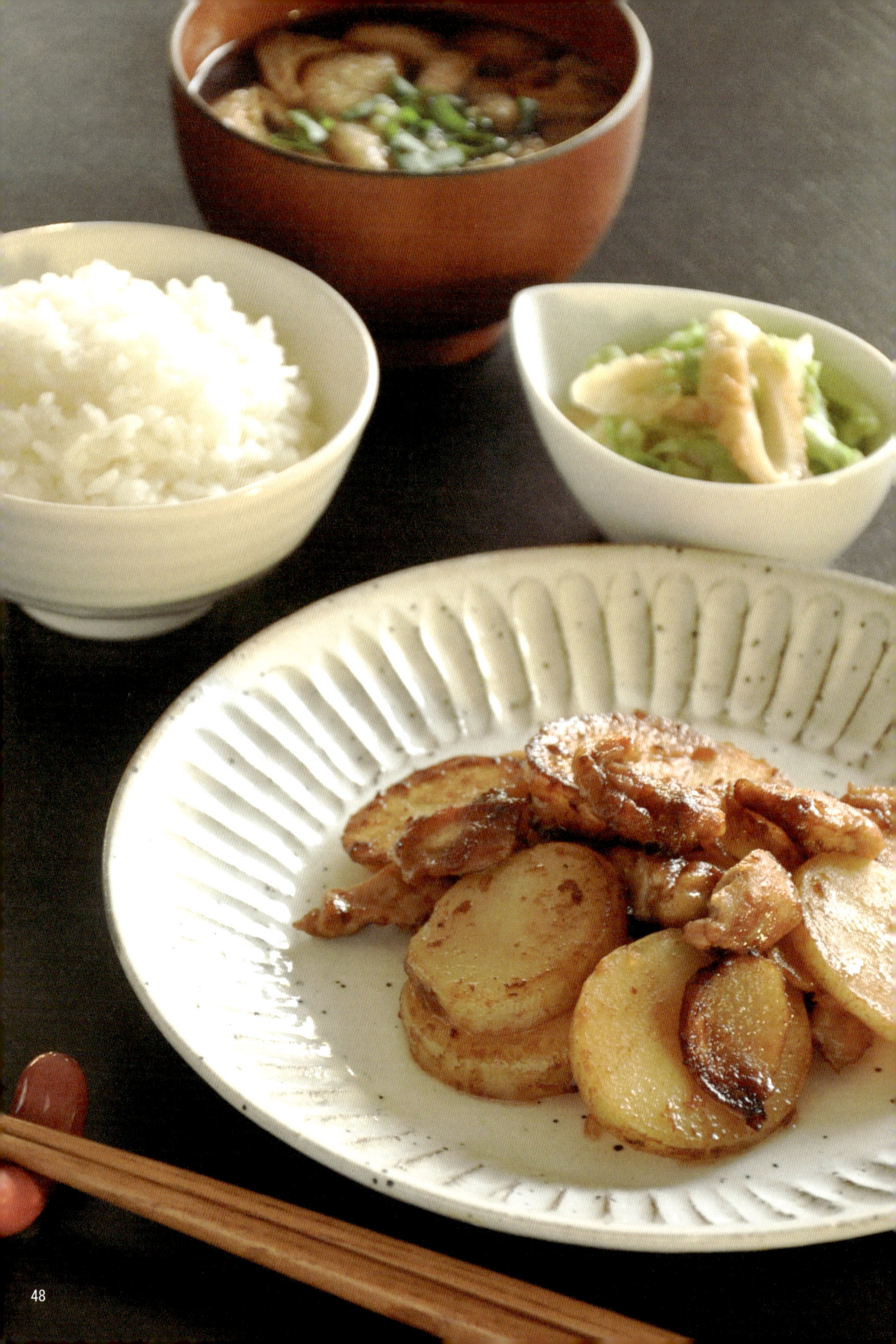

金 Friday

主菜 鶏肉とじゃがいもの韓国風炒め
ホクホクのじゃがいもがピリ辛に変身
(本書書き下ろし)

⏱ …15分

(2人分)
鶏もも肉　1枚
じゃがいも　2個

A
| コチュジャン　小さじ2
| めんつゆ（3倍濃縮）大さじ2
| ごま油　小さじ1

油　大さじ1

【つくりかた】
1. じゃがいもは皮をむき、5mm厚さの輪切りにして水にさらす。鶏肉は一口大のそぎ切りにする。
2. フライパンに油を熱し、1のじゃがいもと鶏肉を炒め、ふたをして蒸し焼きにする。
3. 合わせたAを2のフライパンに回し入れ、汁気を飛ばすように炒める。

副菜 キャベツとちくわのこぶ茶和え
味の決め手は昆布茶にあり

【つくりかた】
1. キャベツの芯をとり、ざく切りに。芯は斜めに薄く切る（味噌汁の具へ）。ちくわは、斜め薄切りにする。
2. 耐熱ボウルに1（キャベツの芯を除く）を入れ、ラップをして電子レンジ（600W）で2分加熱する。
3. 温かいうちにAを入れて、調味する。

⏱ …5分

(2人分)
キャベツ　3枚
ちくわ　1本

A
| 昆布茶　大さじ1/2
| しょうゆ　少々

汁もの キャベツの芯も使い切り！味噌汁
大切な野菜は最後までしっかり使い切る

【つくりかた】
1. キャベツの芯を薄く切り（キャベツとちくわのこぶ茶あえ・つくりかた1）、鍋に水・和風だしの素と一緒に入れ、ひと煮立ちさせ、細く切った油揚げも加える。
2. 1の鍋にみそを溶き、刻んだねぎを加える。

⏱ …5分

(2人分)
キャベツの芯　3枚分
油揚げ　1枚
万能ねぎ　1本分

水　300cc
和風だしの素　小さじ1
みそ　小さじ2

😊 ポイント！
実は簡単に作れるコチュジャン。みそ（100g）・砂糖（80g）・醤油（1/2カップ）・一味唐辛子（大さじ1程度）・ごま油（小さじ1）を小鍋に入れて混ぜ、火にかけて沸々させる。弱火にし、10分程度よく練り混ぜたらできあがり。（鶏肉とジャガイモの韓国風炒め・つくりかた3）

土 Saturday

主食 さんまの照り焼きのっけ丼
トッピングに変化を持たせてもgood!!
（本書書き下ろし）

🕐 …15分

（2人分）
- さんま　2尾

A
- しょうゆ　大さじ1と1/2
- 砂糖　大さじ1
- みりん　大さじ1
- おろししょうが（チューブタイプ）少々

- 小麦粉　大さじ1
- 油　小さじ1
- 刻みのり　適量
- シソ　2枚
- ごはん　2膳分

【つくりかた】
1. さんまは3枚におろし、3cm幅に食べやすく切る。ビニール袋にさんまを入れ、小麦粉も加えてよくふり、薄くまぶす。
2. フライパンに油を熱し、**1**を両面焼く。
3. 合わせたAを流し入れ、照りからめるように煮詰める。器にごはんをよそい、さんまを盛り付けてできあがり。お好みで、刻みのりや千切りにしたシソをのせる。

副菜 キャベツと紅ショウガの和え物
紅ショウガと鰹節でサッと味付け

🕐 …5分

（2人分）
- キャベツ　3枚
- 紅ショウガ　5g
- 鰹節　3g

A
- 酢　大さじ1
- 砂糖　小さじ1
- 塩　少々

【つくりかた】
1. キャベツの芯をとり、ざく切りに。芯は斜めに薄く切る。
2. 耐熱ボウルに**1**を入れてラップをし、電子レンジ（600W）で2分加熱する。
3. 温かいうちに紅ショウガとAで調味し、鰹節を混ぜる。

汁もの 味噌汁
具材はその時々で好みのものを

🕐 …5分

（2人分）
- キャベツ　1枚
- ちくわ　1本
- 万能ねぎ　1本分
- 水　300cc
- 和風だしの素　小さじ1
- みそ　小さじ2

【つくりかた】
1. キャベツは細く切り、ちくわは斜めに薄く切る。
2. 鍋に水・和風だしの素と一緒にキャベツを入れてひと煮立ちさせ、さらにちくわも加える。
3. **1**の鍋にみそを溶き、刻んだねぎを加える。

😊 **ポイント！**
魚の臭み消しに、しょうがを入れておくと食べやすくなります。（さんまの照り焼きのっけ丼・つくりかた**3**）

日 Sunday

お好みでパンを付け合せて召し上がれ

主菜
フライパンひとつで！野菜たっぷりミネストローネ

（「まゆみちゃん家のTHE節約献立」Vol.35 水曜レシピ・ワイヤーママ 2014年6月号掲載）

【つくりかた】
1. 人参・じゃがいも・玉ねぎ・ウインナーは、それぞれ1.5cm角に切る。
2. フライパンにオリーブオイルを熱し、人参・じゃがいも・玉ねぎ・ウインナーを炒め、玉ねぎが透き通ってきたら、Aを加えてひと煮立ちさせる。
3. 煮立ったら弱火にしアクをとり、仕上げに塩・こしょう・粉チーズで味を調える。

⏱ …15分

(2人分)
- ウインナー 2本
- 人参 1/2本
- じゃがいも 1個
- 玉ねぎ 1/2個

A
- トマト水煮缶（カットタイプ）1/2缶
- 水 1カップ
- 顆粒コンソメ 大さじ1
- 酢 小さじ1

- オリーブオイル 大さじ1
- 塩・こしょう 各少々
- 粉チーズ 適量
- 乾燥パセリ 適量

副菜

手を煩わせず簡単に作ることができる
大根ときゅうりのジンジャーサラダ

⏱ …5分

(2人分)
- 大根 5cm程度
- きゅうり 1本

A
- 醤油・みりん・酢 各大さじ1
- おろししょうが（チューブタイプ）小さじ1/2
- オリーブオイル 小さじ2

【つくりかた】
1. 大根ときゅうりは、スライサーで千切りにし、水気を絞る。
2. ボウルにAを合わせ、1の野菜を加えて和える。

ポイント！
月曜レシピ・副菜［野菜のトマト煮］で残った1/2缶分を密閉容器に移し、冷凍保存。日曜に満を持してミネストローネで使い切る！ 冷凍保存するときは、どのくらい入っているか、分かるようにメモしておくとよいですね。（フライパン一つで！野菜たっぷりミネストローネ・つくりかた2）

Column 03 食費節約術

テレビ・雑誌などで話題の「まゆみ式節約術」ワイヤーママ徳島版で掲載された

その① 余った野菜は"干し野菜"に

調理で余った使いかけの野菜…例えば、きゅうりや人参が半分残った…、なんてとき。ともすると、野菜室に入れたまま使い切れずに傷んでしまうことも。使いかけ野菜は干すことをおすすめします。天日干しや、風通しの良く日が差し込む窓際でざるに乗せて、1～2日置いておくと、野菜のうまみがぎゅ～っと凝縮されて美味しさが倍増します。"干し野菜"をお子さんのおやつにするのも、ヘルシーで効果的。なお、ミニトマトのように水分が多い野菜は、切り口に塩をふってから干すようにしましょう。(「まゆみちゃん家のTHE節約献立」Vol.28 Mayumi's check!!・ワイヤーママ徳島版2013年11月号掲載)

その② "手作りみそ玉"で朝食準備の短縮

何かとバタバタしがちな朝の時間帯。朝食準備どころではない、なんて声も聞こえてきそうです。そんな時に役立つのが「手作りみそ玉」。ラップに合わせみそ（だし入り）小さじ2・具（わかめ、ねぎなど）をのせ、茶巾に絞ります。これをジッパー付きの保存袋に入れて冷凍するだけ！食べるときは、器にみそ玉を凍ったまま置いて、熱湯を注ぐだけで完成。具は、熱湯を注ぐだけですぐ食べられるようなものを選びましょう。何個か作っておくと、いざというときに便利です（保存期間は2週間程度）。朝食以外でも、昼食・夕食にももちろん使える、簡単便利な即席みそ汁なのです。(「まゆみちゃん家のTHE節約献立」Vol.42まゆみならこうする！節約テク・ワイヤーママ徳島版2015年1月号掲載)

その③ エビの殻を使っただし汁づくり

エビを調理する際、残った殻はすぐに捨てずにもうひと働きしてもらいましょう。小鍋に油を熱し、エビの殻を炒め、ひたひたにかぶる程度の水を入れてひと煮立ちさせます。それができたら、5分程度弱火で煮だします。あとはざるでこして、エビ殻を使っただし汁の完成。かき揚げや茶碗蒸しなどをつくる際のだしにピッタリです。(「まゆみちゃん家のTHE節約献立」Vol.2まゆみならこうする！節約テク・ワイヤーママ徳島版2011年9月号掲載)

ら、反響の大きかった"ワザ"をドーンと紹介！

クリームチーズのような味わい！
水切りヨーグルト

その④

ヨーグルトを使って、クリームチーズのような味わいを楽しんでみましょう。無糖ヨーグルト（1パック）に、ふたつまみ塩を入れて混ぜます。次に、ボウルをざるに乗せ、上からキッチンペーパーを敷き、そこにヨーグルトを入れてラップして冷蔵庫へ。ひと晩置くと、「水切りヨーグルト」の完成です。ちなみに、ホエーと呼ばれるヨーグルトの水分がボウルに落ちますが、これも捨てるべからず！ 鶏胸肉1枚にホエー大さじ2を加えて、よくもみ込むと胸肉が柔らかくなります。（「まゆみちゃん家のTHE節約献立」Vol.15 Mayumi's check!!・ワイヤーママ徳島版2012年10月号掲載）

しょうがの酒漬けで
新鮮な味わいをキープ

その⑤

なかなか使い切れないままに傷んでしまいがちな食材として、しょうがが挙げられます。そんなときは、酒漬けにしましょう。よく洗った空きびんを用意します。次に、しっかりと洗った皮付きのしょうがをぶつ切りにして空きびんに入れ、ひたひたする程度の焼酎を入れて冷蔵室で保存します。これだけで、しょうがを乾燥させることなく保存することが可能になります。漬けたお酒は、煮魚を作る際の調味料として使うと、におい消しにも役立ちます。（「まゆみの 進め！節約道」其の十四・ワイヤーママ徳島版2010年12月号掲載）

茹で汁の再利用で
味付けのアクセントに

その⑥

鶏肉や豚肉を茹でた後の茹で汁、煮物の煮汁はすぐに捨ててはいけません。製氷皿に流し入れ、冷凍させれば「茹で汁（煮汁）キューブ」のできあがり。1個ずつ、使いたい分だけ取り出して使うことができます。炊き込みご飯やスープのだしにピッタリ。味付けのアクセントになりますよ！（「まゆみちゃん家のTHE節約献立」Vol.27まゆみならこうする！節約テク・ワイヤーママ徳島版2013年10月号掲載）

テーマ 04

今月は赤字かも…。ピンチのときこそ効果を発揮する、お財布にやさしい食材を使ったメニューの数々

給料日前に実践！家計いたわりレシピ

早く給料日がやってこないかな…

毎月そんな思いを抱いている方も多いのではないでしょうか。美味しいものをしっかりと食べたい、そう思いつつも高価な食材には手を出しにくい。いつも以上にお財布の紐を締めてしまいがちな給料日前。

そんなときこそ、食費を抑えながらお腹をしっかり満たすことのできるメニューを実践してみましょう。

ここでは、豆腐やちくわ、はんぺんといった練り製品のほか、お手軽野菜の代表格であるもやし・しめじ・じゃがいも・玉ねぎなどをたっぷりと使った料理に挑戦してみたいと思います。

まゆみ流 "イケダン" づくりのススメ　その4

"イケダン" とは…「イケてるダンナ」の略。家事や育児に積極的にかかわる "イクメン" であることは当たり前。さらに進化し、オシャレかつ何でも器用にこなしてしまう、そして妻を輝かせるダンナ…それが "イケダン" なのだ！

夫婦である以上、一緒に考えて判断すべきことは数多くあります。しかし、ときに「私はこんなに悩んでいるのに、アナタは何も分かってくれない！」、そう口をついて出てきてしまいそうなときってありませんか？　こちらの考えや思いを告げても、ダンナの反応はイマイチ。かといって、自分の意思をはっきりと示してくれない…。何とも、もどかしいですよね。

何も言わなくても理解し合える。それが理想的なのかもしれないけれど、実際は意見を出し合わないと、お互いの考えって分からないものですよね。

これまで、一方的に考えを押し付けては「アナタは何も分かってくれない！」とイライラばかりしていたのですが、少し考えを変えて、根気よくダンナの考えが出るまで待つようにしてみました。すると、多少時間がかかったとしても、案外イライラすることなく意見交換ができるようになるのですね。

そのたびに、日々の生活で感じること、学ぶことってたくさんあるのだなと実感するのでした。

Menu

| 月 | 火 | 水 | 木 |
| 金 | 土 | 日 | |

1週間分 お買い物リスト

- ☐ 木綿豆腐・・・・・・・・・・・1丁
- ☐ ウインナーソーセージ・・4本
- ☐ トマト水煮缶（カットタイプ）・・・1缶
- ☐ ピザ用チーズ・・・・・・・・80g
- ☐ じゃがいも・・・・・・・・・・2個
- ☐ きゅうり・・・・・・・・・・・・1本
- ☐ 油揚げ・・・・・・・・・・・・・2枚
- ☐ 万能ねぎ・・・・・・・・・・・1本
- ☐ 小松菜・・・・・・・・・・・・・1束
- ☐ 卵・・・・・・・・・・・・・・・・・4個
- ☐ イワシのかば焼き缶詰・・・1缶
- ☐ なす・・・・・・・・・・・・・・・1本
- ☐ しめじ・・・・・・・・・1パック
- ☐ 玉ねぎ・・・・・・・・・・・・・2個
- ☐ サニーレタス・・・・・・・・1枚
- ☐ ミニトマト・・・・・・・・・・4個
- ☐ トマト・・・・・・・・・・・・・1個
- ☐ 焼きそば麺・・・・・・・・・2玉
- ☐ ちくわ・・・・・・・・・・・・・9本

- ☐ もやし・・・・・・・・・・・・・4袋
- ☐ にら・・・・・・・・・・・・・12本
- ☐ 人参・・・・・・・・・・・・・・1本
- ☐ はんぺん・・・・・・・・・・・1枚
- ☐ 豆板醤
- ☐ 合いびき肉・・・・・・・200g
- ☐ カレールー・・・・・・・2かけ
- ☐ 塩昆布
- ☐ ミックスベジタブル・・・・50g
- ☐ キムチ
- ☐ バター
- ☐ 顆粒コンソメ
- ☐ 和風だしの素
- ☐ 小麦粉
- ☐ ポン酢しょうゆ
- ☐ めんつゆ（3倍濃縮）
- ☐ 鶏がらスープの素
- ☐ おろしにんにく（チューブタイプ）
- ☐ おろししょうが（チューブタイプ）

- ☐ いりごま（黒）
- ☐ 片栗粉
- ☐ 乾燥カットわかめ・・・・・・2g
- ☐ 乾燥パセリ

●家にストックがないときに買い足しておきたい具材

- ☐ みそ
- ☐ 砂糖
- ☐ マヨネーズ
- ☐ 塩
- ☐ こしょう
- ☐ ごま油
- ☐ 酢
- ☐ 油
- ☐ ケチャップ

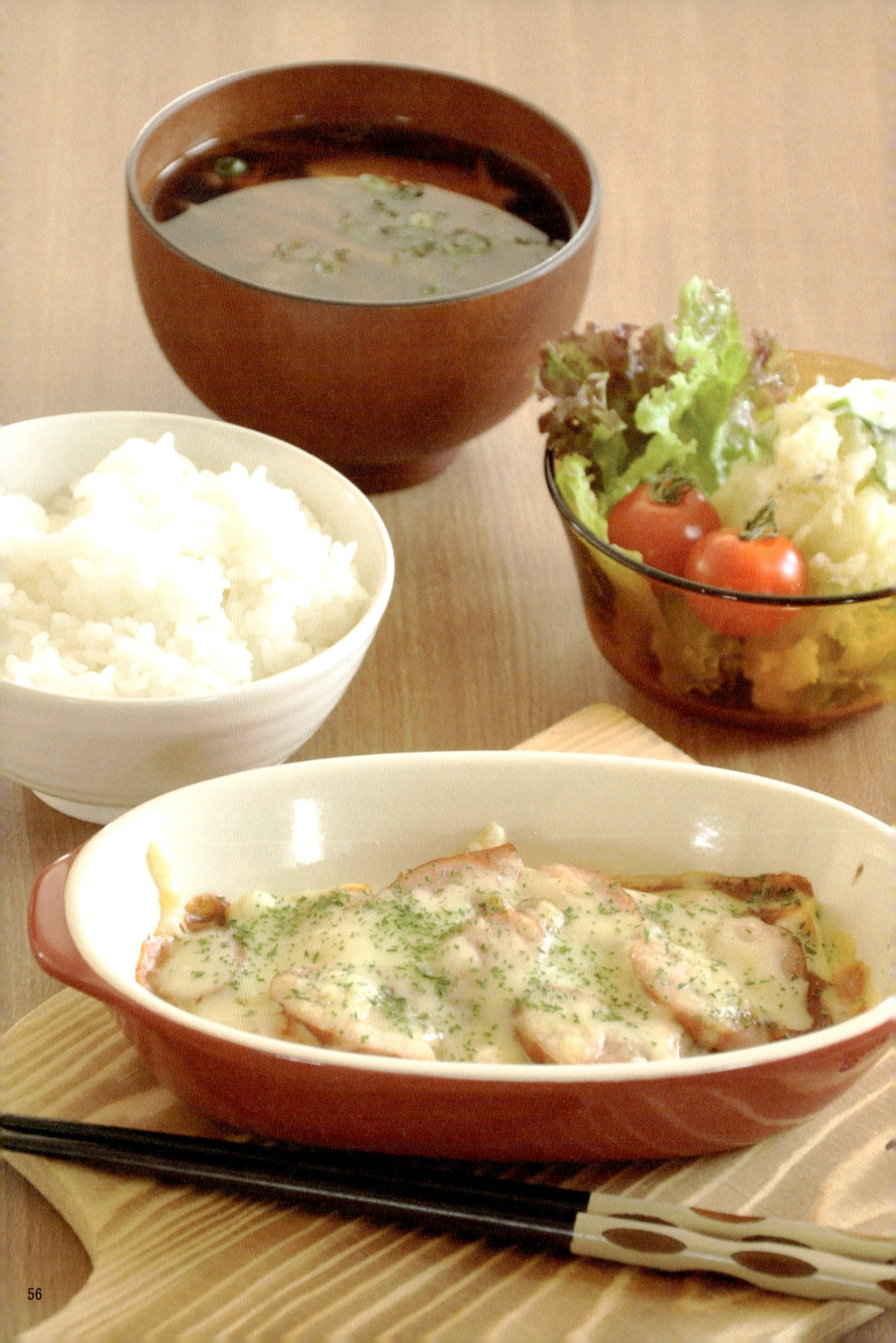

月 Monday

主菜 豆腐のトマトソース焼き
電子レンジとトースターでサクッと調理
（本書書き下ろし）

🕐 …15分

(2人分)
木綿豆腐　1丁
ウインナー　2本

A
| トマト水煮缶　1/2缶
| 顆粒コンソメ　小さじ1
| 砂糖　小さじ1

ピザ用チーズ　40g

【つくりかた】
1. ウインナーは斜めに薄く切る。豆腐はペーパータオルに包んで水切りし、食べやすい大きさに切る。
2. 耐熱ボウルにAを入れて、電子レンジ（600W）で1分加熱し、よく混ぜる。
3. 耐熱皿に豆腐→ウインナー→2のトマトソース→チーズの順にのせる。
4. トースターで10分程度焼く。

副菜 じゃがいもときゅうりのサラダ
"ほっこり"と"さっぱり"が1つに

【つくりかた】
1. じゃがいもは皮をむき、一口大に切る。鍋にじゃがいも・水を入れて茹で、柔らかくなったら湯を切って、ボウルに入れてよくつぶす。
2. きゅうりと玉ねぎはスライサーで薄く切る。
3. 1のボウルにAを混ぜ、2を加えてよく混ぜる。サニーレタスとミニトマトを添える。

🕐 …10分

(2人分)
じゃがいも　1と1/2個
きゅうり　1/2本
玉ねぎ　1/2個

A
| マヨネーズ　大さじ1
| 顆粒コンソメ　小さじ1/2
| 塩・こしょう　各少々

添え　サニーレタス　1枚
添え　ミニトマト　4個

汁もの じゃがいもとちくわの味噌汁
じゃがいもを食べやすく切ることが"ミソ"

【つくりかた】
1. 鍋に水・和風だしの素を入れて沸かす。
2. 細く切ったじゃがいもを1の鍋に入れてひと煮立ちさせ、みそを溶く。

🕐 …10分

(2人分)
じゃがいも　1/2個
ちくわ　1本
和風だしの素　小さじ1
みそ　小さじ2

😊 ポイント！
切った材料をのせて焼くだけ！　ウインナーの塩気が効果を発揮します。（豆腐のトマトソース焼き・つくりかた3）

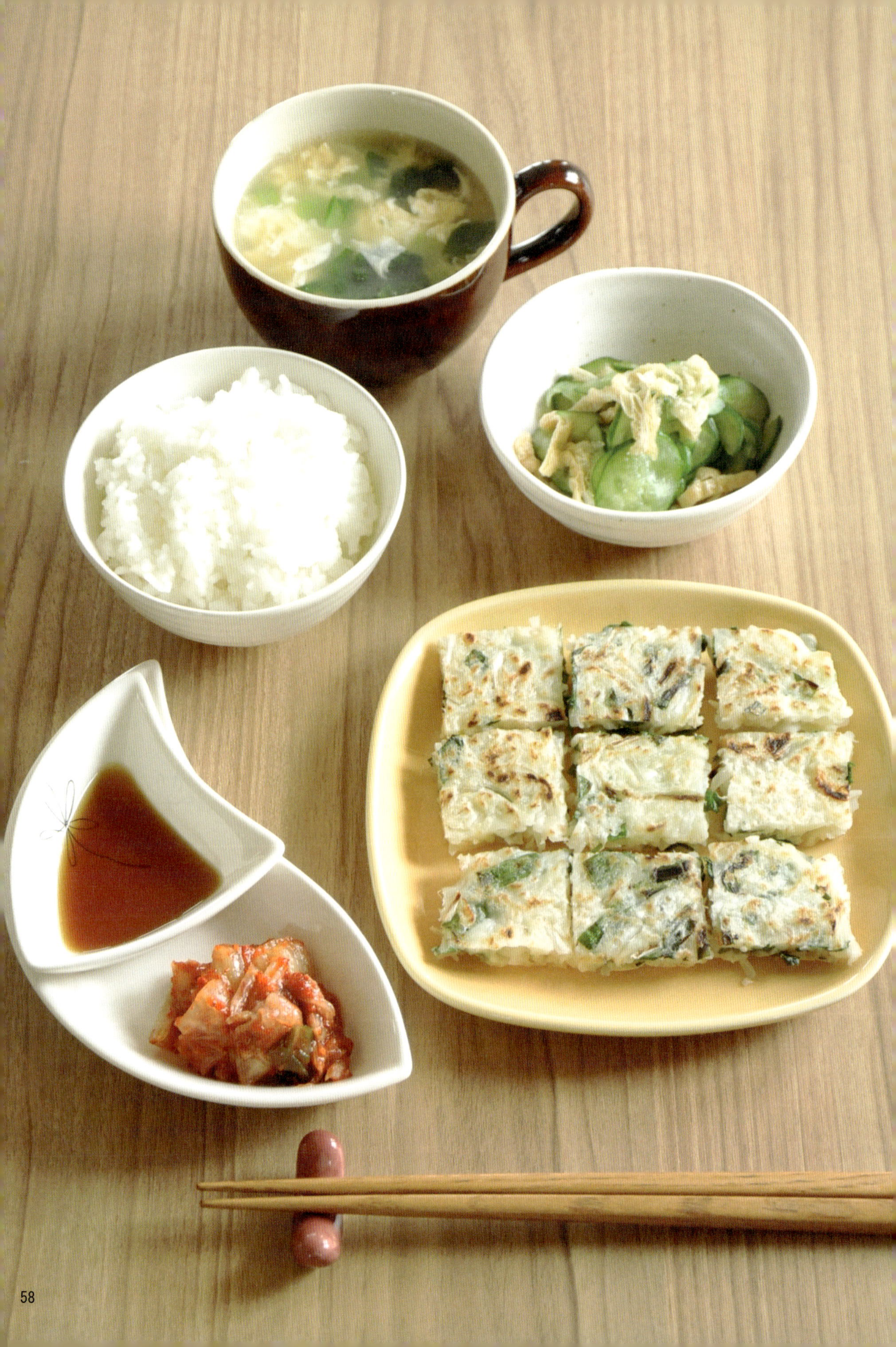

火 Tuesday

主菜 おうちで簡単韓国料理
もやしたっぷり！チヂミ風
（本書書き下ろし）

⏱ …15分

（2人分）
もやし　1袋
にら　3本
ちくわ　2本

A
小麦粉　100g
ごま油　大さじ1
水　100cc

油　適量

ポン酢しょうゆ　適量
キムチ　適量

【つくりかた】
1. にらは2cm程度に、ちくわは輪切りにする。
2. ボウルに、もやし・1・Aを入れてよく混ぜる。
3. フライパンに油を熱し、2を1/2量を流し入れ、両面を焼く。残りも同様に焼く。
4. 食べやすく切り分けて皿に盛り、キムチとポン酢しょうゆを添える。

副菜 ポン酢しょうゆで味にバランスを
きゅうりと油揚げの和え物

【つくりかた】
1. きゅうりはスライサーで薄く切る。油揚げは細く切り、フライパンで乾煎りする。
2. ボウルに1を入れ、ポン酢しょうゆで和える。

⏱ …5分

（2人分）
きゅうり　1/2本
油揚げ　1枚
ポン酢しょうゆ　小さじ1

汁もの 胃にやさしいふんわりスープ
小松菜とたまごのスープ

【つくりかた】
1. 小松菜は、2cm程度に切る。
2. 鍋に湯を沸かし、コンソメと小松菜を入れてひと煮立ちさせ、溶き卵を流し入れふんわりかき混ぜる。

⏱ …5分

（2人分）
小松菜　1/3束
卵　1個
水　300cc
顆粒コンソメ　小さじ2

☺ **ポイント！**
材料は切って混ぜるだけ！　時間も手間も最小限で済ませられます。（もやしたっぷり！チヂミ風・つくりかた2）

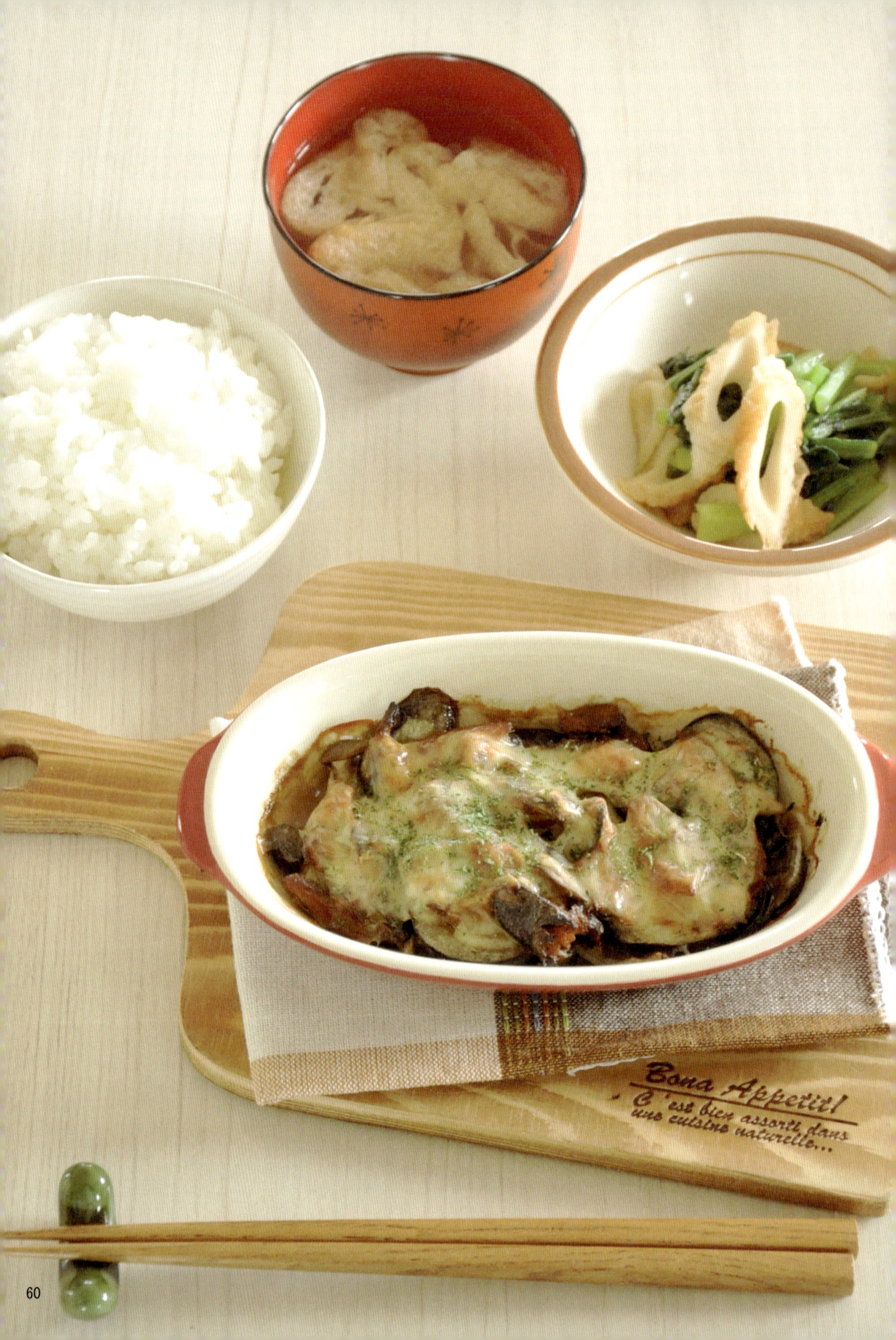
Bona Appetit!
C'est bien assorti dans une cuisine naturelle...

水 Wednesday

主菜 ひと手間加えてボリュームを演出
野菜でかさまし！いわしのチーズ焼き
(本書書き下ろし)

⏱ …15分

(2人分)
いわしのかば焼き缶詰　1缶

なす　1本
しめじ　1/2パック
玉ねぎ　1/2個

油　大さじ1

ピザ用チーズ　40g

【つくりかた】
1. なすと玉ねぎは薄く切り、しめじは石づきをとってほぐす。
2. フライパンに油を熱し、1を炒める。
3. 耐熱皿にいわしのかば焼き缶詰を汁ごと入れ、2とチーズをのせて、オーブントースターでチーズがとろけるまで焼く。

副菜 たった5分でできる和の味
小松菜とちくわの炒め煮

【つくりかた】
1. 小松菜は3cm程度に、ちくわは斜め薄切りにする。
2. フライパンにごま油を熱し1を炒め、合わせたAをかけて、汁気を飛ばすように炒める。

⏱ …5分

(2人分)
小松菜　1/3束
ちくわ　2本

A
| めんつゆ（3倍濃縮）小さじ2
| 水　小さじ2

ごま油　大さじ1

汁もの たっぷり油揚げでお腹満足！
油揚げの味噌汁

【つくりかた】
1. 鍋に水・和風だしの素を入れて沸かす。
2. 細く切った油揚げを1の鍋に入れ、みそを溶く。

⏱ …5分

(2人分)
油揚げ　1枚

水　300cc
和風だしの素　小さじ1
みそ　小さじ2

😊 **ポイント！**

いわしのかば焼き缶詰にひとたび野菜をかさましすれば、一気にボリュームアップ！　食べ盛りのお子さんや、食いしん坊パパさん大喜び！（野菜でかさまし！いわしのチーズ焼き・つくりかた3）

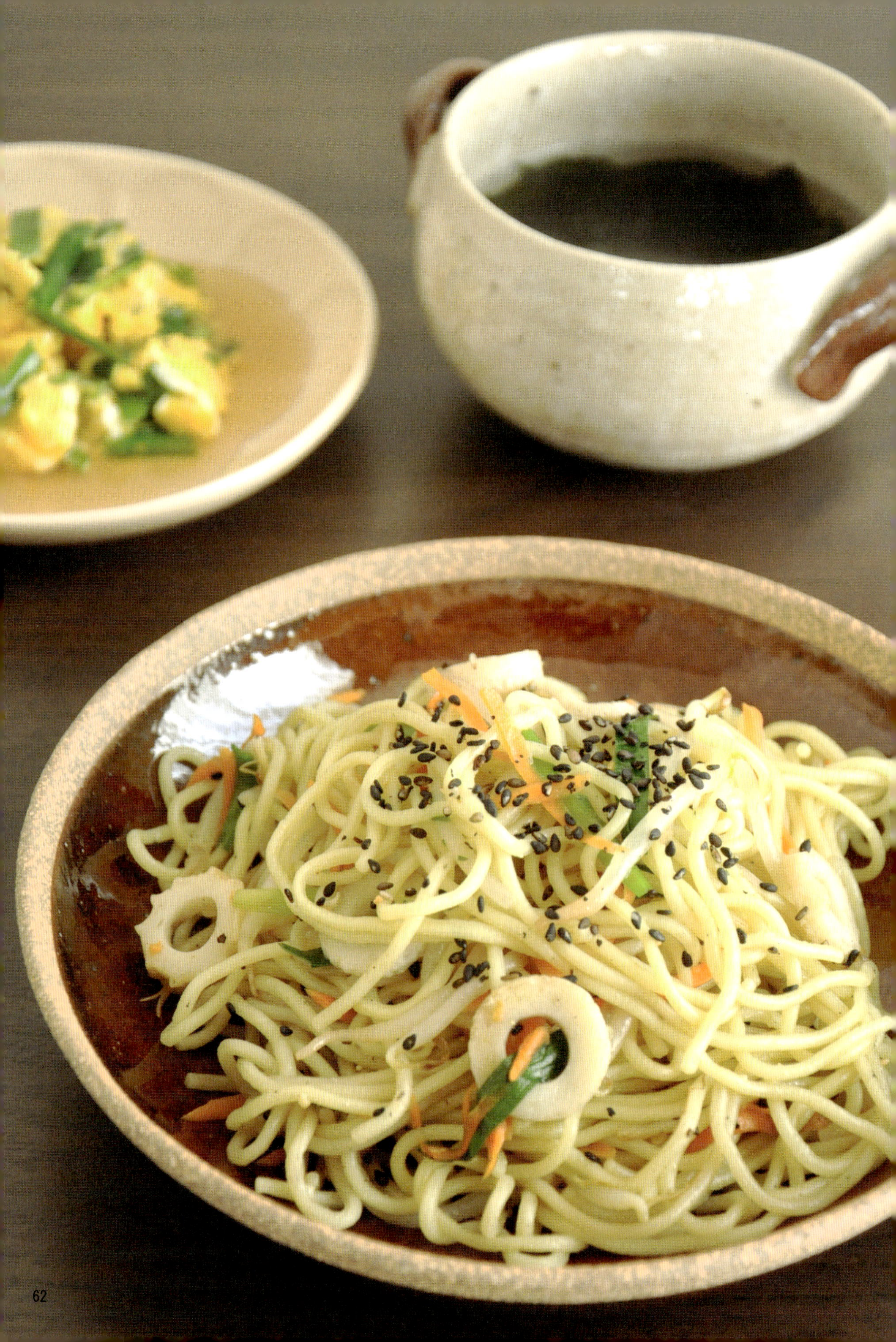

木 Thursday

主食 野菜たっぷりで栄養満点！
もやしやきそば
（本書書き下ろし）

🕐 …10分

(2人分)
- 焼きそば麺　2玉
- もやし　1袋
- にら　4本
- 人参　1/2本
- ちくわ　3本

- 油　小さじ1

A
- 鶏がらスープの素　大さじ2
- おろしにんにく（チューブタイプ）小さじ2
- めんつゆ（3倍濃縮）小さじ1
- 塩・こしょう　各少々
- いりごま（黒）大さじ1/2
- ごま油　大さじ1

【つくりかた】
1. 人参は千切りに、ニラは3cm長さに、ちくわは輪切りにする。
2. フライパンに油を熱し、1ともやしを強火で炒め、Aで味付けする。
3. 焼きそば麺を入れてよくからませる。

副菜 あんかけを煮詰めることが肝心！
にらたまあんかけ

【つくりかた】
1. ボウルに卵を割りほぐす。にらは3cm長さに切る。
2. フライパンに油を熱し、にらをさっと炒め、卵液を流し、炒り卵を作って皿に盛る。
3. 小鍋にAを合わせ入れ、とろみがつくまで煮詰め、2の皿にかける。

🕐 …10分

(2人分)
- 卵　3個
- にら　3本

- 油　小さじ2

A
- 水　3/4カップ
- めんつゆ（3倍濃縮）1/4カップ
- 砂糖　小さじ1
- 酢　大さじ1
- 片栗粉　小さじ2

汁もの 確実性重視でいくならやっぱりコレ！
わかめスープ

【つくりかた】
1. 乾燥わかめを水で戻し、水気を絞り、器に入れる。
2. 鍋に湯を沸かし、コンソメを加える。
3. 1に2を注ぐ。

🕐 …5分

(2人分)
- 乾燥カットわかめ　2g
- 顆粒コンソメ　小さじ2
- 水　300cc

ポイント！
もやしは強火でさっと炒めると、シャキシャキした食感に仕上がります。
（もやしやきそば・つくりかた2）

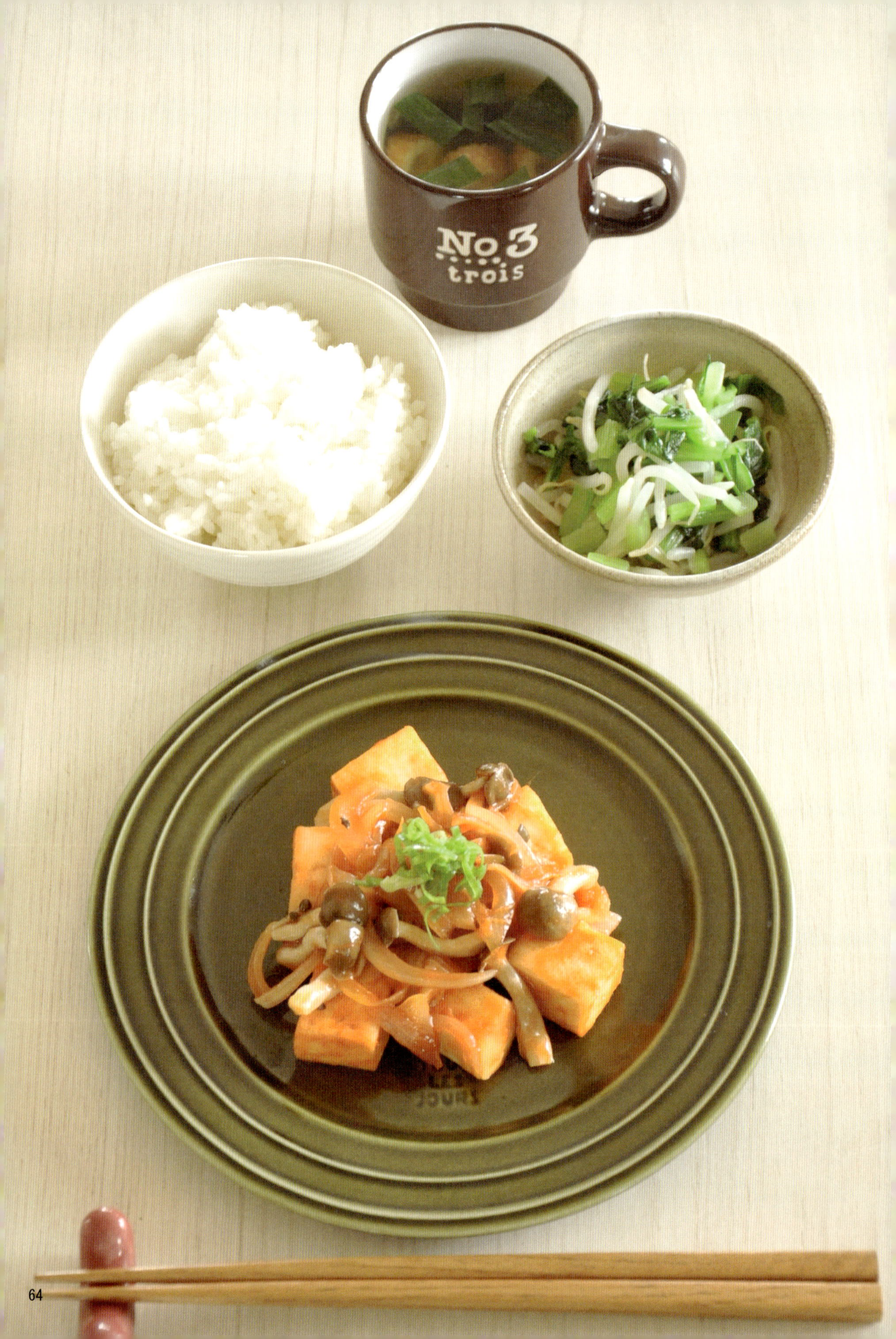
No 3
trois

金 Friday

主菜 はんぺんとしめじのピリ辛炒め
手軽な食材で作るスタミナメニュー
（本書書き下ろし）

⏱ …10分

(2人分)
- はんぺん　1枚
- しめじ　1/2パック
- 玉ねぎ　1/2個

油　大さじ1

A
- ケチャップ　大さじ2
- 水　大さじ1
- めんつゆ（3倍濃縮）　大さじ1
- 豆板醤　小さじ1/2（抜きでも可）

万能ねぎ　1本分

【つくりかた】
1. しめじは石づきをとってほぐす。はんぺんは一口大に、玉ねぎは薄切りにする。
2. フライパンに油を熱し、玉ねぎを炒める。しんなりしてきたら、はんぺん・しめじを加えて炒める。
3. 合わせたAを2に流し入れ、刻んだねぎをちらす。

副菜 もやしと小松菜の和え物
ごま油と塩だけのシンプルな味付け

【つくりかた】
1. 鍋に湯を沸かし、もやし・小松菜を入れて茹でる。ざるに出して水でよく洗い、しっかり水気を絞ってボウルに入れる。
2. ごま油・塩で味を調える。

⏱ …5分

(2～3人分)
- もやし　1パック
- 小松菜　1/3束
- ごま油　大さじ1
- 塩　少々

汁もの にらとちくわのスープ
具材で遊べるコンソメスープ

【つくりかた】
1. にらは2cm程度に、ちくわは輪切りにする。
2. 鍋に湯を沸かし、1と顆粒コンソメを入れてひと煮立ちさせる。

⏱ …5分

(2人分)
- にら　2本
- ちくわ　1本
- 水　300cc
- 顆粒コンソメ　小さじ2

ポイント！
玉ねぎとはんぺんを炒めてから、しめじを入れましょう。時間差で炒めると、しめじの食感がよくなります。（はんぺんとしめじのピリ辛炒め・つくりかた2）

土 Saturday

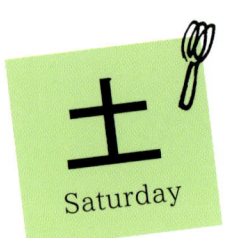

主食 魅惑の"レンチン"カレー
レンジdeキーマカレー

(「まゆみちゃん家のTHE節約献立」Vol.17 木曜レシピ・ワイヤーママ2012年12月号掲載)

🕐 …10分

(2人分)
合いびき肉　200g
玉ねぎ　1/2個分
人参　1/2本分
おろしにんにく
（チューブタイプ）小さじ1
おろししょうが
（チューブタイプ）小さじ1
めんつゆ（3倍濃縮）大さじ1
トマト水煮缶　1/2缶（130g程度）
刻んだカレールー　2かけ分

【つくりかた】
1. 玉ねぎ・人参はみじん切りにする。
2. ボウルに材料をすべて加えて混ぜ、ふんわりとラップをかける。
3. 電子レンジ（600W）で3分加熱する。いったんラップを開け、混ぜて、再びラップをして3分加熱する。
4. お皿にご飯を盛り、3をかけてできあがり。

副菜 塩昆布を加えるだけのシンプルなサラダ
トマトの塩昆布サラダ

🕐 …5分

(2人分)
トマト　1個
塩昆布　大さじ1

【つくりかた】
1. トマトは一口大に切り、ボウルにトマトを入れ、塩昆布を入れて混ぜる。

ポイント！
耐熱ボウルに材料を入れて、電子レンジでチンするだけ♪ 調理器具も少なくて済むので、洗い物もラクチン！（レンジdeキーマカレー・つくりかた2）

日 Sunday

主食 即席ピラフ

調理方法は炊飯器に具材を入れるだけ

(「まゆみちゃん家のTHE節約献立」Vol.21 木曜レシピ・ワイヤーママ 2013年4月号掲載)

【つくりかた】

1. 米を洗い、水気をきる。ウインナーは輪切りにする。
2. 炊飯器に1の米・ウインナーソーセージとミックスベジタブル・水・コンソメを入れてさっと混ぜ、炊飯ボタンを押す。
3. 炊きあがったら、バターを全体にさっくりと混ぜ、塩・こしょうで味を調える。

⏱ …5分 (炊飯時間を除いた調理時間)

(2～3人分)
米　1合
水　180cc

ミックスベジタブル　50g
ウインナーソーセージ　2本

顆粒コンソメ　小さじ1
塩・こしょう　各少々

バター　5g程度

副菜 もやしのガーリック炒め

ヘルシーなのにパンチの利いた一品

⏱ …5分

(2人分)
もやし　1袋
おろしにんにく
（チューブタイプ）小さじ1/2
ごま油　小さじ2

塩　こしょう　各少々
乾燥パセリ　適量

【つくりかた】

1. フライパンにごま油・おろしにんにくを熱し、強火でもやしを炒める。
2. 塩・こしょうで味を調え、乾燥パセリをちらす。

😊 ポイント！
具材をすべて炊飯器に入れてスイッチオン！ 炊きあがりを待てば、美味しいピラフの完成です。（即席ピラフ・作り方2）

Column 04

おやつ代節約術

テレビ・雑誌などで話題の「まゆみ式節約術」ワイヤーママ徳島版で掲載された

その① ホットケーキミックスでどらやき

和菓子の定番・どら焼き。実は家庭でも作ることができるのです！ ホットケーキミックスを使えば、あら簡単！ おやつ代の節約にもなって、ママにもお子さんにもうれしいおやつの時間になりますね。（「まゆみちゃん家のTHE節約献立」Vol.20まゆみならこうする！節約テク・ワイヤーママ徳島版2013年3月号掲載）

材料（4個分）
A
　ホットケーキミックス　100g
　牛乳　大さじ5
　みりん　大さじ1
　砂糖　大さじ1
　卵　1個
油　小さじ1
あん（つぶあん・こしあんはお好みで）適量

【つくりかた】
1. ボウルにAを入れ、よく混ぜる。
2. フライパンを熱し、温まったら弱火にして薄く油をひき、おたま半分程度をひとすくいして、生地を丸くのばしながら焼く。
3. 生地に気泡が立ってきたら裏返しに。繰り返し8枚焼き、粗熱をとる。
4. 粗熱をとった生地であんをはさみ、生地がくっつくようにラップでぴったりと包む。

その② なすのコンポート

なすが苦手な方でもきっと美味しくいただける！ そんなスイーツをぜひ試してみてください。なすがりんご風になって、お子さんにも喜んでもらえること間違いなしですよ。（「まゆみちゃん家のTHE節約献立」Vol.29 Mayumi's check!!・ワイヤーママ徳島版2013年12月号掲載）

材料（2～3人分）
白なす　2本
水　1カップ
砂糖　大さじ5
レモン汁　小さじ2

【つくりかた】
1. なすは皮とへたを取り、2cm程度の厚みに切って、水にさらす。
2. 鍋に水・砂糖・レモン汁を入れて加熱し、ひと煮立ちさせる。煮立ったら落し蓋をして、中火で約10分加熱する。
3. 粗熱がとれたら、冷蔵庫で冷やしてできあがり。

その③ 生クリームでアイスクリーム

料理で使った生クリームが残った場合、ぜひアイスクリームに変身させてあげてください。（「まゆみちゃん家のTHE節約献立」Vol.15まゆみならこうする！節約テク・ワイヤーママ徳島版2012年10月号掲載）

材料（2～3人分）
生クリーム　100cc
卵　2個
砂糖　40g

【つくりかた】
1. ボウルに卵と砂糖を入れ、しっかりと混ぜる。
2. 1に生クリームを加え、もったりするまで混ぜる。
3. 容器に2を入れて冷凍室へ。2時間ほど冷やしたら一度かき混ぜて、再び冷凍室で冷やす。

ら、反響の大きかった"ワザ"をドーンと紹介！

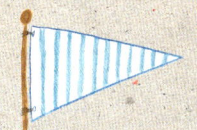

その④ プレーンパンケーキ

押しも押されもせぬ大人気のハワイアンパンケーキ。その味を再現(!?)するべく、おうちでもトライしてみましょう！（「まゆみちゃん家のTHE節約献立」Vol.36 テーマ「おうちで有名店の味を再現!?パンケーキ」その①・ワイヤーママ徳島版2014年7月号掲載）

材料（5～6枚分）
- 小麦粉　200g
- 砂糖　50g
- 卵　2個
- プレーンヨーグルト　130g
- ケーキ用マーガリン（またはバター）20g
- ベーキングパウダー　小さじ2
- 塩　小さじ1/2
- 牛乳　170cc

【つくりかた】
1. 小麦粉、ベーキングパウダー、砂糖、塩・ヨーグルト・卵・溶かしたマーガリン（バター）、牛乳を入れ、だまにならないように泡だて器でよく混ぜる。
2. 弱火で熱したフライパンに、生地を直径10cm程度に流して焼き、表面がぷつぷつしてきたらひっくり返して両面を焼く（テフロン加工されていないフライパンの場合は、薄く油を伸ばすこと）。

その⑤ チョコバナナのパンケーキ

その4で紹介したパンケーキをベースに、チョコバナナ味のパンケーキを作ってみましょう！（「まゆみちゃん家のTHE節約献立」Vol.36 テーマ「おうちで有名店の味を再現!?　パンケーキ」その③・ワイヤーママ徳島版2014年7月号掲載）

材料
プレーンパンケーキ（本ページその④）の材料

- バナナ　1本
- チョコレートシロップ　適量
- ホイップクリーム　適量

【つくりかた】
1. プレーンパンケーキ（本ページその④）を焼く。
2. バナナは斜めに食べやすい大きさに切る。
3. お皿に焼けたパンケーキとバナナをのせ、ホイップクリームを絞り、チョコレートシロップをかける。

その⑥ キャロットパンケーキ

野菜が苦手な方でも美味しく食べられるキャロットパンケーキを紹介します。こちらもベースとなるのは、その④で紹介したプレーンパンケーキです。（「まゆみちゃん家のTHE節約献立」Vol.36 テーマ「おうちで有名店の味を再現!?パンケーキ」その⑤・ワイヤーママ徳島版2014年7月号掲載）

材料
プレーンパンケーキ（本ページその④）の材料

- 人参　1本
- 粉砂糖　適量

【つくりかた】
1. 人参をすりおろす。
2. 1をプレーンパンケーキ（本ページその④）の生地に混ぜる。
3. 弱火で熱したフライパンに、生地を直径10cm程度に流して焼き、表面がぷつぷつしてきたらひっくり返して両面を焼く（テフロン加工されていないフライパンの場合は、薄く油を伸ばすこと）。
4. お皿に焼けたパンケーキをのせ、粉砂糖をかける。

"ちょい足し"で食卓を劇的に変える！ あまった主菜でリメイクおかず

4つのテーマに分けて1週間分のレシピを紹介しましたが、もし主菜が余ってしまったときは、リメイクで日々の食事に変化をつけてみてはいかが？プラスの食材はごくわずか。サッと手を加えるだけでできあがるので、時間をかける必要もなし。「今こそは！」とひらめいた時に、ぜひトライしてみてください。

テーマ 02 ごちそうサラダ

おかず／レンジde鶏肉の照り焼き
(26ページ・テーマ02　火曜レシピ)

プラス食材：絹ごし豆腐、レタス、ミニトマト

(1人分)
レンジde鶏肉の照り焼き　2きれ
絹ごし豆腐　1/4丁
レタス　1枚
ミニトマト　1個

【つくりかた】　…5分
1. 豆腐は水をきり、食べやすい大きさに切る。レタスは食べやすい大きさにちぎる。ミニトマトは小さめに切る。
2. 皿にレタス・豆腐・鶏肉の照り焼きの順にのせ、ミニトマトを散らす。

テーマ 04 お好み焼き

おかず／即席ピラフ
(67ページ・テーマ04　日曜レシピ)

プラス食材：卵、お好み焼きソース、油、マヨネーズ、鰹節、青のり

(1人分)
即席ピラフ　160g
卵　1個
油　小さじ2

【つくりかた】　…10分
1. ボウルに即席ピラフと卵を入れてよく混ぜる。
2. フライパンに油を熱し、1を流し入れ、円形に整えて両面焼く。
3. お好み焼きソース・マヨネーズ・鰹節・青のりをかけてできあがり。

テーマ 03 かんたん回鍋肉

おかず／和風ポークステーキ
(40ページ・テーマ03　月曜レシピ)

プラス食材：キャベツ、ピーマン、コチュジャン・酒、油

(1人分)
和風ポークステーキ　2きれ(50g程度)
キャベツ　1枚
ピーマン　1個
A
│コチュジャン・酒　各小さじ1
油　小さじ1

【つくりかた】　…10分
1. キャベツはざく切りに、ピーマンは種をとり、一口大の乱切りにする。和風ポークステーキは細く切る。
2. フライパンに油を熱し、キャベツ・ピーマンを炒め、和風ポークステーキ・合わせたAを加え炒める。

テーマ 03 トマトリゾット

おかず／フライパンーつで！野菜たっぷりミネストローネ
(51ページ・テーマ03　日曜レシピ)

プラス食材：冷ごはん、水、ピザ用チーズ

(1人分)
冷ごはん　1膳分
A
│野菜たっぷりミネストローネ　200g程度
│水　50cc
ピザ用チーズ　30g

【つくりかた】　…10分
1. 冷ごはんを水洗いして、しっかりとぬめりをとり、ざるにあげる。
2. フライパンに1の冷ごはんとAを加えてひと煮たちさせ、ごはんからのとろみが出てくるまで煮詰める。
3. とろみがでたらピザ用チーズを加え、軽く混ぜてできあがり。

テーマ 04 焼きチーズカレー

おかず／レンジdeキーマカレー
(66ページ・テーマ04　土曜レシピ)

プラス食材：ごはん、キーマカレー、ピザ用チーズ、乾燥パセリ

(1人分)
ごはん　1膳分
レンジdeキーマカレー　100g
ピザ用チーズ　20g
乾燥パセリ　適量

【つくりかた】　…10分
1. ごはんとキーマカレーをよく混ぜる。
2. 耐熱皿に1を入れ、チーズをのせ、オーブントースターでチーズがとろけるまで焼く。お好みでパセリをちらす。

テーマ 02 から揚げの南蛮漬け

おかず／高野豆腐のから揚げ
(28ページ・テーマ02　水曜レシピ)

プラス食材：玉ねぎ、人参、ピーマン、ポン酢しょうゆ、水

(1人分)
高野豆腐のから揚げ　6個
玉ねぎ　1/4個
人参　1/4本
ピーマン　1/2個

A
│ポン酢しょうゆ　大さじ1
│水　大さじ1

【つくりかた】　…5分
1. 玉ねぎとピーマンは薄く切り、人参は千切りにし、ボウルにAと一緒に合わせる。
2. 皿にから揚げを盛り、1をかける。

女子会やママ会での注目度アップ間違いなし！

サッとかんたん！　おもてなしおかず

お友達を招いて女子会やママ会。気の合った仲間と過ごす大切な時間…だからこそ！　みんながアッと驚くおかずを作って、"デキル女子"をアピールしましょう。簡単に手に入る食材や、普段使っている調理器具で作るから、時間も手間も最小限で済みますよ。いざというときに、ぜひトライしてみてくださいね♪

牛乳パックで作る！押し寿司

（2個分）
あたたかいごはん　2膳分

卵　1個
ほうれんそう　2株
鮭フレーク　大さじ3
えび　2尾

A
｜砂糖・酢　各大さじ2
｜塩　小さじ1/2

添え　パセリ

【つくりかた】　…20分

1. ボウルにあたたかいごはんをとり、合わせたAを流し入れ、ごはんを切るように混ぜる。
2. 鍋に水・卵を入れて、ゆで卵を作る。空いた鍋に再び湯を沸かし、背ワタを取ったえび・ほうれん草を茹でる。ほうれん草は、冷水にさらし、水気を絞って細かく刻む。
3. 1のごはんを3つに分け、それぞれにゆで卵・鮭フレーク・ほうれん草を加えて混ぜ、3色ごはんを作る。
4. 牛乳パックを高さ5cm程度に切り、皿の上にひし形に置く。その中に、3色の酢飯を各半量ずつ詰めしっかり押す。これを2個作る。
5. 牛乳パックを外し、えび・パセリをのせる。

フライパン一つで！ケークサレ

（20cmフライパン1個分）
A
｜ホットケーキミックス　150g
｜牛乳　100cc
｜マヨネーズ　大さじ2
｜粉チーズ　大さじ1
｜卵　1個

ミニトマト　3個
小松菜　1株
玉ねぎ　1/4個
ウインナー　2本

油　小さじ1

【つくりかた】　…15分

1. ミニトマトは半分に、小松菜は2cm幅に、玉ねぎは粗みじん切りに、ウインナーは斜めに薄く切る。
2. ボウルにAを混ぜ、1を加えて混ぜる。
3. フライパンに薄く油を熱し、2の生地を流し入れる。
4. ミニトマトを並べ、ひっくり返して弱火でふたをして焼く。

お鍋一つで！ごちそうカレーピラフ

（2～3人分）
米　2カップ

ツナ缶　1缶
ピーマン　1個
玉ねぎ　1/2個
ミニトマト　5個
シーフードミックス　150g

A
｜カレー粉　大さじ1
｜水　2カップ分
｜コンソメ　小さじ1
｜塩・こしょう　各少々

【つくりかた】　…40分

1. ピーマンは細く、玉ねぎは粗みじん切りに、ミニトマトは半分に切る。
2. 鍋にツナ缶の油分を流し入れ、玉ねぎを炒める。
3. 玉ねぎがしんなりしてきたら米・ツナを加えて炒め、Aを加えて強火で一気に沸騰させ、その後中火にして3分煮る。
4. シーフードミックスを散らし、ふたをして弱火で15分程度加熱する。
5. ふたを開け、ピーマン・ミニトマトを加え、15分程度蒸らしてできあがり。

武田 真由美 たけだ・まゆみ

1976年生まれ、徳島県出身。独自の節約術が主婦雑誌で紹介されたことがきっかけで、節約アドバイザーとしての活動を開始。そのワザは、多くの主婦から絶大な支持を集める。テレビ出演やWEBサイトでの執筆、クッキングショーへの出演など多方面で活躍中。

オフィシャルブログ
「真由美さんの1週間2500円節約レシピ」

http://ameblo.jp/bistromayumi/

時短×カンタン×おうちごはん

2015年9月16日　初版発行
2017年2月16日　第2刷発行

発　行　　株式会社ワイヤーママ

発行者　　原田　剛

〒770-0872
徳島県徳島市北沖洲一丁目
14番24号　ワイヤービル
http://tokushima.wire.co.jp/

発　売　　株式会社インプレス

〒101-0051
東京都千代田区神田神保町一丁目105番地
TEL：03-6837-4635（出版営業統括部）

ブックデザイン……多田夕紀（WORKS）

撮影……武田真由美、福光俊介

編集……福光俊介（株式会社ワイヤーママ）

印刷・製本……三共グラフィック株式会社

■本の内容に関するお問い合わせ先…
　株式会社ワイヤーママ　　　TEL:088-664-0250　FAX:088-664-5201
■乱丁本・落丁本のお取り替えに関するお問い合わせ先…
　インプレス　カスタマーセンター　TEL:03-6837-5016　FAX:03-6837-5023　info@impress.co.jp
　※乱丁本・落丁本はお手数ですがインプレスカスタマーセンターまでお送りください。送料弊社負担にてお取り替えさせていただきます。但し、古書店で購入されたものについてはお取り替えできません。
■書店／販売店のご注文窓口…株式会社インプレス　受注センター　TEL:048-449-8040　FAX:048-449-8041

Ⓒ Mayumi Takeda 2015 Printed in Japan　ISBN978-4-8443-7702-3　C2077